Souvenirs

d'Amérique

et de Grèce

OUVRAGES DU MÊME AUTEUR

L'Éducation en Angleterre : *Collèges et universités.* 1 vol. in-18. 1888.

L'Éducation anglaise en France, avec une préface de M. Jules Simon. 1 vol. in-18, 1889.

Universités transatlantiques, 1 vol. in-18, 1890.

Études d'histoire contemporaine : *L'Évolution française sous la Troisième République* (1870-1895). 1 vol. in-8, 1896.

La Formation des États-Unis (en préparation).

Coulommiers. — Imp. PAUL BRODARD. — 232-97.

Souvenirs

d'Amérique

et de Grèce

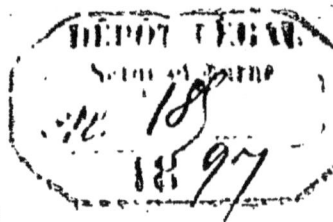

PAR

PIERRE DE COUBERTIN

———————◦◄►◦———————

PARIS

LIBRAIRIE HACHETTE ET Cⁱᵉ

79, BOULEVARD SAINT-GERMAIN, 79

1897

A WILLIAM M. SLOANE

Sur le premier feuillet de ce petit livre dans lequel il est question de la Grèce et des États-Unis, j'inscris le nom de l'ami très cher qui m'aida à comprendre l'Amérique universitaire et à faire revivre les Olympiades.

Paris, 1897.

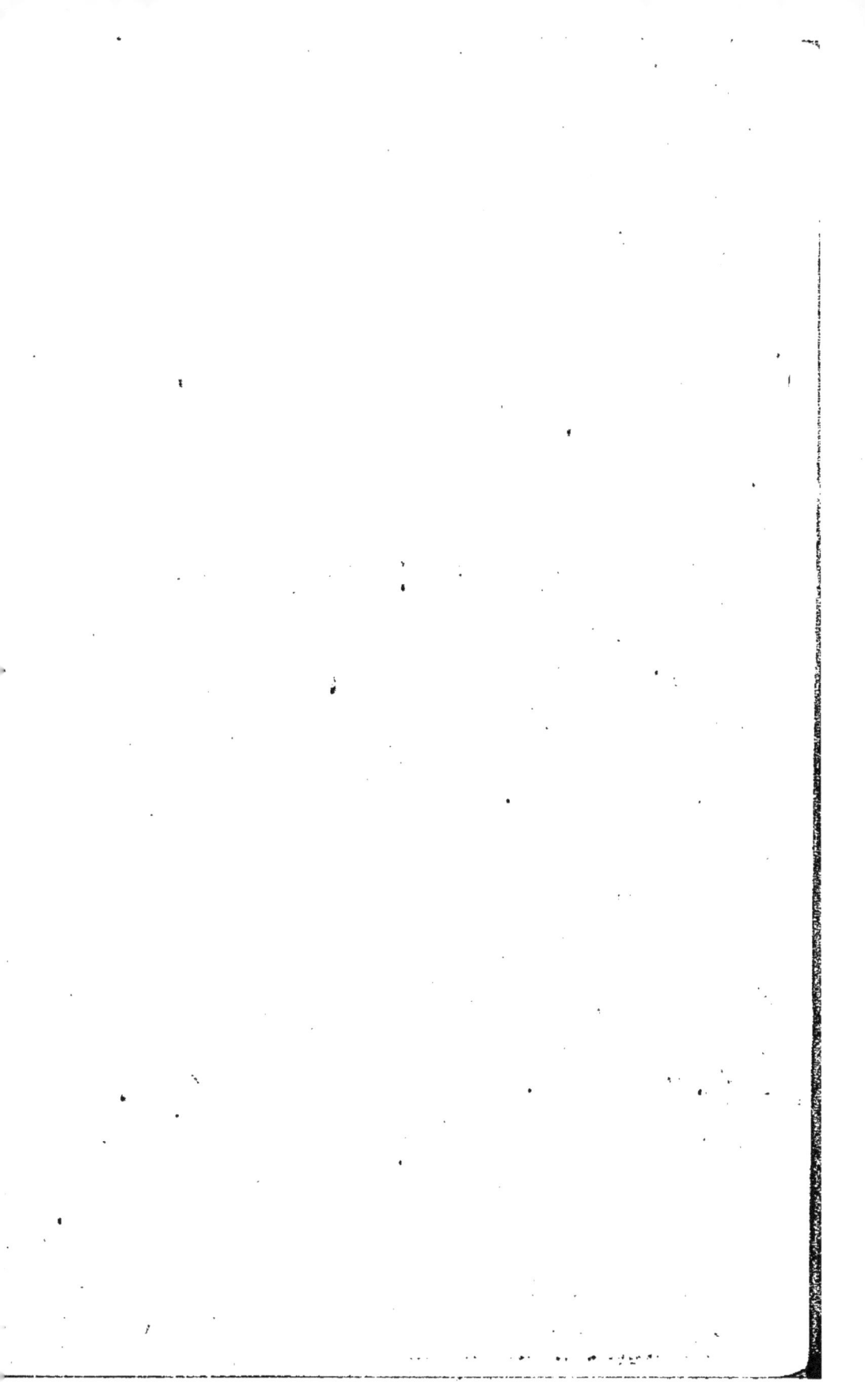

CHICAGO

L'OUEST AMÉRICAIN

SUR LA COTE DE CALIFORNIE

LE MOUVEMENT UNIVERSITAIRE
AUX ÉTATS-UNIS

LES SPORTS DE GLACE

LA MISSION DES VA-NU-PIEDS

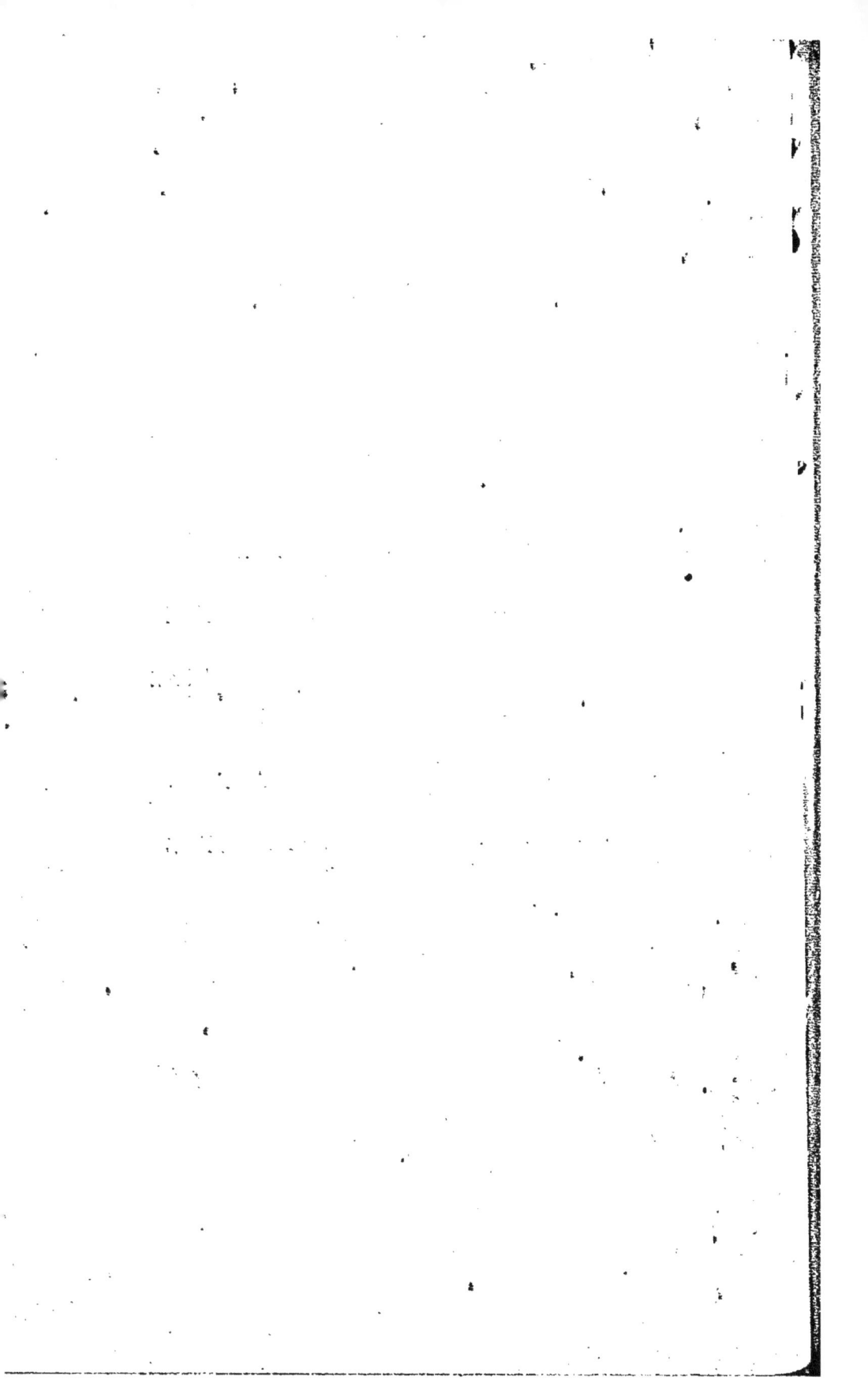

CHICAGO

I

Nous étions trois, ce matin-là, Paul Bourget, Sam Pozzi et moi, sur le sommet d'un bizarre édifice très étroit et très haut : autour de nous, d'autres édifices semblables dressaient, dans la brume ensoleillée d'octobre, leurs dix étages surmontés de vilaines cheminées noires. Le murmure confus d'une grande ville emplissait l'atmosphère; on entrevoyait au loin les bouquets d'arbres des jardins publics, et toute une portion de l'horizon se trouvait fermée par une nappe d'eau incolore et paisible, qui ne ressemblait pas tout à fait à la mer, bien qu'il fût impossible de dire en quoi elle en différait.

Paul Bourget avait voulu voir cet Athletic club de Chicago qui nous donnait l'hospitalité, à Pozzi et à moi, pour la plus grande satisfaction de nos instincts de sybarites : nous lui avions montré la piscine d'eau tiède avec ses balcons de marbre et ses girandoles

de fer forgé, la salle de billard, énorme et somp-
tueuse, les chambres à coucher, le grand gymnase
avec ses pistes élastiques pour les coureurs, et ses
multiples appareils pour la joie des muscles, puis,
tout en haut, les salles de paume; et, entre temps,
nous causions de la belle audace yankee, de ces
quelques capitalistes qui, de leur propre initiative et
malgré des obstacles et des labeurs sans fin, avaient
créé cette Exposition où s'écoulaient la plupart de
nos journées : soudain le petit « boy », qui faisait
notre service, nous avait croisés dans un couloir et
s'était exclamé : « Venez, venez vite sur le toit voir
les foules qui vont à la *World's Fair* »; et ces mots :
les foules, World's Fair, prenaient sur ses lèvres des
allures géantes : une ivresse orgueilleuse animait ses
yeux pâles. Comme il était fier, le petit Chicagoïen!

C'est qu'un grand aniversaire se célébrait ce 9 octobre 1893, et Chicago, dans son triomphe, retournait,
par la pensée, aux heures sombres de 1871, à ce même
9 octobre dont l'aube se leva sur une catastrophe sans
nom : 17 450 maisons incendiées, 672 hectares couverts
de ruines, 950 millions de richesses anéanties, 275 vic-
times, tel fut l'horrible bilan! Une mer de décombres
hérissée de pans de murs branlants, voilà ce qu'à cette
même place on contemplait, il y a vingt-deux ans;
mais la dernière flamme n'était pas morte que déjà
des ouvriers clouaient des planches, déblayaient des
terrains, posaient des trottoirs volants : la sève avait
seulement reculé devant le feu : à fleur de sol, elle
était prête à pousser de nouveaux rameaux plus
vigoureux; et, pendant que l'Europe charitable expo-

sait des tableaux et organisait des tombolas pour les pauvres incendiés de Chicago, ceux-ci, déjà consolés et pleins de confiance, rebâtissaient leur ville, en pierre et en marbre, cette fois, par crainte des accidents futurs.

Nous songions à ce contraste, en l'air, sur notre toit, en regardant « les foules ». Sur le boulevard Michigan, en face des assises cyclopéennes de l'Auditorium, on les voyait, compactes et noires, se presser autour des guichets d'une gare improvisée ; toutes les trois ou quatre minutes, un convoi rempli s'élançait comme une fusée dans la direction de Jackson-Park ; plus lents, sur les eaux du lac, de gros steamers s'échelonnaient, chargés de bétail humain.

Tout ce monde devait revenir fort tard le soir avec de la lumière plein les yeux et des fanfares triom‑ phales plein les oreilles : pas un qui ne soit monté, ce jour-là, au capitole et n'ait mentalement remercié Dieu de ne pas l'avoir fait semblable aux autres hommes qui végètent dans la médiocrité et marchent craintifs sur le chemin de la vie.

Le lendemain, on publia le total des entrées payantes ; l'enthousiasme ne connut plus de bornes : 713 646 ! Un tel chiffre n'avait jamais été atteint nulle part : l'Exposition de Paris, qui jusque-là détenait le record, s'était tenue aux environs de 400 000. Chicago avait la palme ! Dans les clubs, les hommes les plus graves s'accostèrent, se félicitant avec une exubé‑ rance inusitée.

II

On ne vit jamais, pourtant, contraste plus absolu
et plus complet entre deux cités qu'entre Chicago et
son Exposition. Cela frappait dès l'entrée. Ici des
rues larges et pareilles, bordées de maisons cubiques,
puissantes, privées de formes et de proportions; un
réseau de fils noirs rayant le ciel comme du papier à
musique; le fer tordu en courbes audacieuses pour
former des voûtes grandioses, mais sans grâce; un
mouvement prodigieux, des perspectives enfumées,
une impression de fatigue, de hâte et de labeur forcé;
et, à côté, sans transition aucune, une incomparable
succession de palais tranquilles, la sereine beauté
des lignes, l'enfilade grave des portiques et des péristyles, l'éblouissante blancheur des murailles, l'ampleur majestueuse des escaliers baignant dans l'eau,
tout un décor antique avec un visible effort pour n'y
rien laisser pénétrer de l'agitation moderne. Le
petit chemin de fer qui circulait à travers l'Exposition
se dissimulait de son mieux comme une chose indigne,
et les bateaux qui, sur les lagunes et les canaux, se
mêlaient aux gondoles lentes, étaient mus par l'élec-
tricité, afin que nulle vapeur ne vînt jeter une note
discordante dans le paysage.

Au centre était la cour d'honneur, forum gigantesque bordé de temples et de statues qui se reflé-
taient dans un bassin grandiose. Là, de quelque côté
qu'on se tournât, on ne voyait absolument rien qui
fût « américain », au sens habituel que nous donnons

à ce mot. Les proportions étaient justes, la décoration sobre, la silhouette harmonieuse, et si les fautes de détail abondaient, on ne les percevait du moins qu'en les cherchant. Il se dégageait de cet ensemble une impression d'élan vers le beau, une impression d'immatérialisme, si l'on peut ainsi dire, qui vous saisissait étrangement. L'émotion devenait poignante lorsque sur l'arc triomphal qui donnait accès à la plage, on lisait les lignes, magnifiquement simples, par lesquelles le peuple américain, évoquant les audaces et les souffrances des pionniers du nouveau monde, dédiait à leurs mémoires glorieuses les merveilles de la World's Fair. Leurs noms étaient là, en cortège; au pied de la colonnade venaient mourir les vagues du Michigan; les héroïsmes du passé, les richesses du présent et les splendeurs de l'avenir se trouvaient réunis, pour un moment, dans cette enceinte inoubliable.

Combien, parmi nous, ont traversé cette Exposition de Chicago sans la comprendre, sans même se douter de son importance! Non qu'il fallût, pour cela, le moindre génie; il suffisait de connaître l'existence d'une Amérique pensante, désintéressée, éprise de science et de grandeur morale. Et vraiment ce ne devrait pas être si difficile d'imaginer qu'une telle Amérique *ne peut pas ne pas exister*. Est-ce que jamais l'or a suffi à former une nation? Est-ce que jamais on a vu un peuple limiter ses ambitions à la recherche du bien-être, se passer d'idéal et vivre sans une âme collective qui lui soit inséparablement unie? Or il est difficile de nier l'existence de la nation américaine,

difficile de méconnaître le patriotisme du peuple
américain; prétendre qu'une nationalité qui a résisté
à la guerre de sécession et qui assimile chaque jour
le surplus d'hommes que l'Europe lui envoie ne
repose que sur le « tout-puissant dollar », c'est
démentir l'histoire entière de l'humanité. Si nous
réfléchissions davantage à ces choses, nous verrions
combien étroite est notre conception de la vie et de
la société américaines et combien insuffisante est
l'explication que nous nous donnons à nous-mêmes
de ses contrastes et de ses bizarreries.

Mais le dollar absorbe l'attention, tandis que la
science est discrète; et les voyageurs continueront
longtemps encore d'ignorer les petites villes universitaires, les professeurs peu rétribués et contents de
leur sort, les travailleurs silencieux, les aspirations
ardentes, mais cachées, pour courir aux grandes cités
tumultueuses, pleines d'agiotage et de fracas; ils en
rapportent la notion d'un pays exorbitant, déréglé,
enfiévré, tandis que se construit dans l'ombre l'Amérique véritable qu'ils n'ont point vue.

III

De loin, l'idée avait paru géniale dans sa simplicité,
de célébrer, à Chicago, la cité yankee par excellence,
ce grand anniversaire qui devait être — on le croyait
du moins — une fête d'orgueil, une fête de parvenus,
l'étalage de mille fortunes, une parade écrasante pour
cette pauvre Europe! Et ce n'a rien été de tout cela!
Matériellement, l'opération a tout juste couvert ses

frais; l'Europe a paru, et, sans se donner de mal, a marqué sur plus d'un point sa supériorité. Les visiteurs étrangers n'ont pas rempli les hôtels, et l'Exposition a coïncidé avec une de ces crises financières et commerciales que l'Union traverse périodiquement et qui causent tant de déboires et de ruines.

Le succès est venu néanmoins, mais sous une forme imprévue : il est venu par où nul ne l'attendait. Au lieu d'une foire merveilleuse, faite pour égayer et charmer, les architectes, on ne sait pourquoi, ont élevé une ville surnaturelle dans sa conception, faite pour la prière et le recueillement et, tout de suite, une idée a circulé sous ces portiques solennels, une idée qui se dégageait toute seule des efforts de chacun, l'idée de l'unité. Les New-Yorkais, les habitants de la Nouvelle-Angleterre qui détestent ou jalousent Chicago, sont venus railleurs et sont repartis touchés; ceux du Sud, encore sous le poids de la défaite, ont senti fondre leurs rancunes et s'apaiser le sentiment de leur humiliation. Une fois dans le forum, Chicago s'était effacé et, pour la première fois, ils s'étaient trouvés tous face à face avec la *réalité des États-Unis* de cette grande patrie qu'ils aimaient et servaient sans la connaître, sans l'avoir *vue* jamais!

L'impression se retrouve dans tous les articles que publièrent alors les revues locales. Les premiers visiteurs l'avaient rapportée chez eux, incitant les autres à venir la recevoir à leur tour. « J'ai beau chercher à m'intéresser à ce que renferment les galeries, me disait l'un d'eux, je ne puis y réussir, et toujours je reviens à cette cour d'honneur; mes yeux ne se lassent pas de la voir; je sens qu'il y a là quelque chose de grand! »

Nous avons peine à comprendre cela, parce que, en Europe, Marseille et Lille ne s'ignorent pas, non plus que Barcelone et Séville, ou bien Exeter et Glasgow. Mais qu'y a-t-il de commun entre la Géorgie et le Wyoming, l'Arizona et le Vermont, la Floride et l'Utah? Ce sont des mondes différents. On a accrédité chez nous la légende de l'Américain toujours en mouvement, se transportant sans hésitation et sans difficulté d'un bout à l'autre de son immense empire, et passant l'Océan comme les Parisiens passent la Seine; mais n'allez pas croire que cet Américain-là peuple les États-Unis; il ne représente qu'une minorité, et quand il vous plaît de sortir de l'ornière des voyages circulaires pour vous arrêter dans les bourgs ou vous enfoncer dans les campagnes, vous trouvez des populations sédentaires, des hommes instruits, intelligents, dont l'existence a tenu dans les frontières de leur État, qui n'ont jamais visité l'Europe et ne verront jamais San Francisco ni la Nouvelle-Orléans.

Ils se connaissent de loin : ils forment une de ces familles nombreuses, créées par la fécondité successive de trois générations dont les représentants, éparpillés dans toutes les provinces, occupent les situations les plus diverses, mais dont l'esprit de famille résiste à tous les éloignements et à toutes les inégalités. Ce sont des cousins qui vivent et meurent sans s'être serré la main, mais qui, fidèlement, se sont fait part des événements principaux de l'existence, naissances, mariages, décès : vienne un danger

qui menace la famille entière, on la trouve subitement
reformée, réunie comme par enchantement; sa personne morale était demeurée vivante....

Autour des grandes constructions qui donnaient à
la World's Fair ce caractère grave, presque religieux
dont s'irritèrent les habitués du Moulin-Rouge et de
la danse du ventre, chaque État avait son édifice
séparé; certains, très vastes, contenaient toute une
exposition; la Californie était du nombre; son art
naissant y côtoyait les riches produits de son sol
privilégié. Mais la plupart des autres États, ayant
exposé dans les galeries nationales, s'étaient contentés
d'élever, à Jackson-Park, des pavillons pouvant servir
de centres de ralliement à leurs citoyens respectifs :
ceux-ci trouvaient là les journaux du pays[1]; ils s'inscrivaient sur des registres, et l'État y entretenait, à
leur usage, un bureau de renseignements et d'informations.

Puis, à de certains jours, anniversaires d'événements mémorables empruntés à l'histoire locale, le
pavillon se décorait; on drapait les fenêtres avec ces
petits oripeaux au moyen desquels les Yankees
expriment leur allégresse et qui ont l'air d'une les-
sive de saltimbanques, et, sur le coup de midi, le
gouverneur de l'État, suivi d'un cortège de landaus à
cochers nègres, escorté d'un détachement de sa garde

---

1. Les États-Unis n'ont rien qui ressemble au *Times*; les plus
importants journaux de New-York n'étendent guère leur sphère
d'action au delà des États voisins. L'*Inter Ocean* de Chicago, le
Daily Picayune de la Nouvelle-Orléans, ou le *San-Francisco
Examiner* n'exercent également qu'une action locale.

nationale, se rendait à travers les jardins, puis le long
de la cour d'honneur jusqu'au dôme central: Là, sur
une esplânade, se trouvait la fameuse cloche de la
Liberté, épave des grands jours de la Révolution et
dont le voyage de Philadelphie à Chicago s'était
accompli au milieu d'une si curieuse ovation, la foule
s'encombrant aux gares pour voir passer la cloche,
lui jeter des fleurs et lui présenter les enfants....
Auprès d'elle, on trouvait invariablement le maire
de Chicago, Harrison, celui-là même qui devait périr un peu plus tard sous le poignard d'un fanatique.
Il s'était constitué le gardien de cette cloche, et,
après un échange de discours et de civilités, il la
faisait tinter en l'honneur de l'État dont c'était la
fête. Ensuite, le cortège se débandait au travers de
l'exposition, chacun portant fièrement à la bouton-
nière ou sur l'épaule des insignes compliqués ou de
grands rubans de satin multicolores.

Ces cérémonies, qui se renouvelaient assez fré-
quemment, causaient beaucoup d'hilarité parmi les
Européens : les cochers nègres, les panaches, la
naïve emphase de la promenade, le chapeau mou du
maire Harrison prêtaient aux quolibets; mais il arrive
souvent que les choses risibles ont un grand fond
de sérieux et que les peuples, comme les enfants,
symbolisent en leurs amusements ce qui se passe
dans le tréfonds de leur âme.

IV

De sorte que l'Exposition représentait assez bien ce patriotisme à deux étages sur lequel M. James Bryce appelle tout de suite l'attention du lecteur au début de son fameux ouvrage, *American Commonwealth*; l'*État* que l'on aime un peu à la vieille manière, d'un amour bourgeois, pot-au-feu, détaillé; la *Nation* vers laquelle monte un sentiment plus pur, plus sacré, dépouillé de toute tendance vile, distinct de tout intérêt de clocher : le même sentiment que Rome inspira, vers le temps de l'empire, aux habitants des provinces d'Espagne, de Gaule ou d'Afrique.

Ces patriotismes-là ne s'opposent pas, comme le donnent à penser certains indices superficiels : ils dérivent les uns des autres. Ce sont comme autant de rivières descendant des collines vers un grand lac dans lequel elles se déversent, mais des rivières qui auraient conscience de leur mission et poursuivraient, dans le grand lac, leurs cours individuels.

Ainsi, à Chicago, en était-il de l'unité : tout le monde la cherchait non pour s'y perdre, mais pour la réaliser, la sentir, la toucher, se bien convaincre de son existence et en jouir. Et le rêve d'unité fut si puissant qu'il dépassa la matière pour atteindre l'esprit. L'unité nationale ne parut pas suffisante; on chercha, pour la compléter, l'unité religieuse.

Les congrès étaient légion; on les qualifiait tous d'*universels*, bien que l'univers y fût, la plupart du temps, assez imparfaitement représenté, et cela

malgré les appels sensationnels et les énumérations
attrayantes; or un de ces congrès dépassait tous
les autres en hardiesse déraisonnable; il s'intitulait
orgueilleusement le Parlement des religions et pré-
tendait grouper les représentants de tous les cultes
monothéistes pour une œuvre de conciliation et
d'entente. L'idée fit sourire, même en Amérique. Je
crois bien qu'elle avait germé dans le cerveau d'un
brave homme sans génie et sans renommée qui, la
trouvant simple et bonne, pensa que son devoir était
de travailler à la réaliser.

Et cela s'est fait. Pendant plus d'une semaine, on
a vu les catholiques, les épiscopaliens, les baptistes,
les méthodistes, les presbytériens, les bouddhistes, les
brahmanistes, les musulmans, discourir sans fiel,
s'inspirant d'une pensée de divine mansuétude et de
fraternelle harmonie; on a vu un cardinal de l'Église
Romaine, un grand cardinal dont le nom vivra, Gibbons de Baltimore, comme ils disent là-bas, ouvrir
ce congrès par l'oraison dominicale, la prière du
Christ qui soudain est apparue applicable à tous les
cultes, acceptable par tous les dogmes, s'étendant,
dans son humble simplicité, par-dessus les psaumes,
les hymnes et les invocations des églises.

Un Anglais qui avait entendu ces choses, qui avait
entendu aussi le président Cleveland, ce chef de
70 millions d'hommes, que rien ne distinguait du
plus modeste de ses administrés, inaugurer l'Exposition par quelques mots d'une virile tranquillité, revint
en disant que, par une fente ouverte sur l'avenir, le
monde de demain lui était apparu, ce monde que

gouvernera la force morale, forte de sa faiblesse
même.

V

Voilà donc ce que l'Amérique est venue faire à
Chicago : s'unifier! Quel étrange caprice du destin
l'a voulu ainsi et par quel contraste bien fait pour
réjouir les philosophes, la nation s'est-elle fait sacrer
dans une ville qui précisément n'est point unie et ne
le sera jamais, qui n'est même pas une ville, mais
une agglomération sans ciment, un damier humain?

Chicago trompe le public : elle est toute en façades;
en façade sur le lac Michigan, le long duquel s'étalent
son luxe, ses constructions géantes, l'interminable
ruban de ses avenues rectilignes, et, en second plan,
les grandes rues débordantes d'activité fébrile; en
façade aussi sur le monde auquel elle se présente
comme l'incarnation du pays entier, de son génie
entreprenant, de son goût pour la lutte âpre et les
réactions de la vie.

Abandonnez la rive du lac, non pour pousser la
pointe obligée vers les abattoirs dont l'ignominie
affecte encore quelque grandeur, mais pour atteindre
ces régions inconnues des touristes où les rues n'ont
plus de trottoirs, où les maisons s'abaissent jusqu'à
n'être plus que des cabanes, où les piétons hâves
remplacent les hommes d'affaires congestionnés.
Vous aurez alors conscience d'avoir franchi une
frontière; l'orgueil et la richesse sont demeurés bien
loin derrière vous, et la misère suinte partout d'une
façon lamentable et terrible. Nulle fermentation

n'indique la continuation sourde de la lutte pour la
vie; il n'y a plus là que des hommes découragés
devant l'effort devenu surhumain; c'est, pour eux, le
fond de l'abîme, d'autant plus noir, d'autant plus
définitif qu'ils sont accourus de plus loin pour y tomber et qu'ils ont fait pour l'éviter un plus grand effort.

Oh! les espoirs dorés perdus dans ce gouffre!

Cette intensité de souffrance et · d'abaissement
n'engendre pas la solidarité; elle ne rapproche pas
les cœurs comme la pauvreté le fait parfois; elle ne
les rapproche qu'aux jours de haine pour quelque
méfait sanglant.

Le recensement de mai 1892 donnait 1 438 000 âmes:
on comptait 385 000 Allemands, 216 000 Irlandais,
42 000 Anglais et Écossais, 100 000 Scandinaves,
54 000 Tchèques, 53 000 Polonais, 10 000 Juifs russes,
20 000 Canadiens-Français,... vivant côte à côte sans
se mêler, ayant leurs journaux, leurs lieux de réunion, leurs sociétés secrètes. J'ai eu sous les yeux
des plans de ces sombres quartiers de Chicago; les
groupements nationaux y sont représentés chacun
par une teinte différente et ils indiquent en même
temps le degré de misère calculé d'après le taux des
loyers. On frémit en regardant cela. Cette armée du
malheur se recrute surtout parmi les naufragés de
l'Europe; il y a des coins de la ville où l'anglais 'est
incompris, où l'on ne parle qu'allemand, polonais,
français. La naturalisation, qui s'opère si facilement
dans le reste du pays, là ne se fait pas. Ils deviennent
réfractaires par affaissement, par renoncement à la
lutte, par désespoir d'arriver jamais à rien.

Souvent je revois par la pensée deux personnes auxquelles il m'a été donné de rendre visite la dernière fois que je me suis trouvé à Chicago.. L'une est le président Harper, qui dirige l'Université de Chicago; l'autre est miss Addams, qui dirige *Hull-House*. Le président Harper est un homme très pressé et très glorieux. Il m'a dit de son institution naissante que, dans dix ans, elle serait la première du monde et que déjà maintenant elle fonctionnait « comme une compagnie de chemin de fer »; ce dont il se montrait ravi, sans que j'aie pu déterminer de quelle nature était la joie que lui inspirait cette bizarre assimilation. Miss Addams est un apôtre; elle ne va pas dans les beaux quartiers, et ses ambitions ne visent pas au delà des misères qui l'entourent et qu'elle veut soulager. Résidant au milieu de cette nuit polaire de l'infortune, elle en sait long sur la ville superbe, aux fragiles assises : *Hull-House*, le quartier général de ses charités, est bien modeste à côté des pignons robustes de l'Université; mais c'est là que se trouve le salut de Chicago, si Chicago doit être sauvé, et non chez le président Harper.

VI

Et voici un autre paradoxe que peuvent discuter les philosophes.

C'est une grève, une grève sanglante, bestiale, injuste, qui a renversé les palais de la World's Fair, couvert de décombres ces beaux jardins de Jackson-Park, souillé l'eau des lagunes, brisé l'enceinte immense... Or il fut un temps où la question sociale semblait n'être qu'une des particularités morbides de la décadence européenne. De braves théoriciens, échafaudant leurs raisonnements et leurs systèmes les uns sur les autres, en arrivaient à prouver, clair comme la lumière du jour, que les États-Unis se trouvaient à jamais préservés de tout conflit entre le capital et le travail par la nature même de leur organisation politique et la perfection de leurs rouages constitutionnels. Il eût été facile de se convaincre du contraire. La question sociale n'est pas née d'hier en Amérique; elle s'est développée d'une manière normale; il y a longtemps qu'on l'étudie, qu'on en prévoit l'évolution; il fallait notre naïveté et notre ignorance de tout ce qui concerne ce pays pour ne pas comprendre qu'après tout la société humaine y revêt les mêmes caractères fondamentaux, y présente les mêmes causes de conflit, s'y trouve aux prises avec les mêmes problèmes que partout ailleurs.

Il existe une photographie panoramique de Jackson-Park, prise le lendemain du désastre; de la cour d'honneur, plus rien n'est debout : ni le péristyle avec l'arc de triomphe, ni les palais blancs aux longues façades, ni le dôme central,... tout est à bas; mais dans le grand bassin majestueux, que les gondoles ne sillonnent plus et auquel les grévistes, ivres de rage, ont fait une ceinture de ruines, toute seule, au milieu de l'eau, se dresse intacte la statue dorée de la République, les lauriers au front et le globe dans la main droite. Sa silhouette calme de déesse continue de resplendir au soleil, elle se détache sur l'horizon du lac dominant les hommes et les événements.

C'est là un symbole. De cette grande Exposition calomniée, incomprise, mais si magnifique pour ceux qui ont cherché à l'analyser consciencieusement, une chose subsiste, une chose dont l'influence va se faire sentir pendant des années et des années : la patrie américaine, unifiée et consolidée, a pris conscience de ses forces et de ses aspirations et rien ne peut plus l'atteindre désormais. Sur sa route, peut-être bien des obstacles sont-ils dressés; l'apprentissage de la vie lui sera peut-être bien rude, mais, dans le triomphe comme dans l'infortune, sa personnalité demeurera. Elle a désormais sa mission dans l'ordre matériel et dans l'ordre moral. Comme les patries du vieux monde, elle exaltera des âmes et suscitera des héros; elle aura ses caprices que ses enfants satisferont avec leur or et avec leur sang; elle engendrera des fanatismes, elle tentera des folies, elle sera basée sur la gloire et le désintéressement.

Voilà pourquoi, malgré son insuccès apparent, malgré les étrangetés de la ville qui l'avait vue naître, malgré la fin tragique que le destin lui réservait, l'Exposition colombienne a marqué une date inoubliable dans la suite des âges.

En la parcourant, on avait l'impression d'être à un de ces tournants de siècle que constituent la naissance d'un grand mouvement, la découverte d'une vérité inconnue ou l'avènement d'une race nouvelle,

L'OUEST AMÉRICAIN

Loti trouverait peut-être des mots pour peindre la grande, l'infinie tristesse de l'Ouest américain....

Nous y entrons ce soir par un clair de lune radieux qui argente la prairie, et tout de suite la sensation de la pleine mer nous prend. Le cercle d'horizon, sous la brume lumineuse, se devine aussi rigoureux, aussi mathématique que le perçoit le regard du matelot dans la hune : ce petit scintillement, là-bas, c'est le fanal d'un navire, qui, tout à l'heure, croisera notre sillage. Sous les roues du wagon, il doit y avoir d'insondables abîmes, des forêts d'algues, des monstres marins; et ce frisson nous vient qu'on éprouve sur l'océan à contempler par-dessus les bastingages l'eau bouillonnante assiégeant de toutes parts la paroi frêle.... Au jour levant l'illusion se dissipe; la plaine apparaît, mamelonnée, boursouflée et çà et là des arbustes se dressent au-dessus des herbes. Voici une ferme entourée de grands espaces cultivés. La régu-

larité sèche des constructions, la monotonie des
clôtures en fil de fer donnent une impression de
labeur désespéré. Des machines compliquées pour
les semences et les récoltes dressent leurs longs bras,
peinturlurés de rouge et de bleu; elles sont laides
déjà, chez nous, sous les tentes des comices agri-
coles : ici, dans cette nature sans fin, elles sont
hideuses. Et soudain s'évoque par contraste l'image
d'une ferme normande avec sa hêtrée, ses pommiers,
son toit de chaume, les roses trémières qui égayent
le vieux seuil noirci, et le verjus au large feuillage
qui court sur la façade claire.

L'Ouest! Les Américains ont une façon de prononcer ce mot, qui éveille à la fois l'idée d'une région
très vaste et d'un état de choses très primitif. Est-ce
donc une région, ou bien un état de choses? Quand
ils en parlent, on entrevoit des solitudes sombres, des
ouragans effroyables, des peuplades rouges qui scal-
pent les voyageurs, des citoyens masqués qui pendent,
la nuit, les criminels aux branches des arbres, des
villes boueuses, des cowboys avinés qui déchargent
leurs armes dans les fenêtres des hôtels par manière
de plaisanterie, des convois de Mormons plantant au
bord d'un ruisseau leurs tentes polygames, des gen-
tilshommes décavés devenus chasseurs d'antilopes,
qui oublient, en fumant le calumet avec le Faucon
Noir ou le Chien Tacheté, les soirées joyeuses du
boulevard des Italiens. A travers cette société pittoresquement débraillée circulent Mme Mortimer, la
pauvre diseuse de bonne aventure, le juge Hiram,
qui s'emploie à réformer l'univers, Bob Wilson,

l'immortel shérif qui courait à franc étrier après les
voleurs de chevaux, et sur place, à lui tout seul, les
jugeait et les exécutait, William, le cocher de la
Poste qui étranglait ses voyageurs lorsque le coup en
« valait la peine », Gilpin, gouverneur élu du Colorado, qui préférait être le premier dans les cloaques
de Denver que le second sous les ombrages de Philadelphie : tous ces types étranges sur lesquels s'est
exercée la verve des voyageurs lettrés, depuis
W. H. Dixon jusqu'au baron de Grancey.

O déception ! serait-ce le Faucon Noir cet affreux
Indien à la mâchoire carrée, au regard éteint qui,
accroupi sur ses talons, guette le passage des trains
pour ramasser les bouts de cigare que lui jettent les
fumeurs ? Et si ce grand homme calciné qui pose ses
pieds crottés sur le velours des banquettes et crache
avec persévérance sur le tapis, si celui-là est bien le
juge Hiram, pourquoi demeure-t-il silencieux, comme
s'il eût renoncé à convertir ses voisins ? A côté de lui
se tient un personnage que Dixon a dépeint ; on
l'appelle colonel. Il est « tout en bottes et en barbe ».
Mais encore ses bottes ont perdu de leur puissance et
sa barbe est moins embroussaillée.

Non ! l'Ouest n'est pas une région, car où seraient
ses limites ? Du Nouveau-Mexique au Dacota, du
Nevada au Kansas, les paysages changent assurément et aussi les climats, les origines, les occu-
pations ; terres fertiles et étendues stériles, forêts
d'herbes et forêts d'arbres, nature tourmentée et
nature au repos, grands fleuves et ravins sans eau,
interminables plaines et montagnes abruptes, le

voyageur trouve de tout sur sa route, et sa route pourtant est monotone : c'est toujours l'Ouest! Toutes les races d'Europe ont peuplé ces lieux : le type et l'accent l'attestent à chaque pas; pourtant tous se ressemblent : ce sont partout les hommes de l'Ouest. Et comme leurs mœurs, leurs idées, leurs conditions d'existence se sont modifiées sans cesse, on ne peut pas dire qu'il y ait là une civilisation caractérisée — pas plus qu'une région fixe. Très dissemblables, le ranch en troncs d'arbres autour duquel le cowboy a galopé librement, la grande ferme qui par la suite est venue jeter au travers de sa course l'entrave de ses enclos, et la ville déjà populeuse aux environs de laquelle la propriété se morcelle et les terrains se bâtissent. Mais tout cela est également triste....

* *
*

Omaha et Council Bluffs se font vis-à-vis; entre elles coule le Missouri, la grande rivière descendue des profondeurs du nord qui s'en va rejoindre éternellement le Mississipi, son fiancé, troubler son cours et précipiter ses eaux vers les marécages dorés du golfe mexicain. Ici tous les noms sont indiens : les désinences poétiques, parfois, le sens grandiose et philosophique, toujours...., Mais là ne se borne pas l'empreinte indienne; elle est bien autrement profonde. Ainsi qu'il arrive souvent, le peuple vaincu, en disparaissant, a pris sa revanche; il a fortement marqué son vainqueur. Et pourtant le contact a été rarement pacifique, jamais amical et le mélange du sang par le mariage n'a point eu lieu. Mais la race rouge, ne l'oubliez pas, était une race noble : on peut anéantir une race noble, on ne détruit jamais complètement sa trace à travers l'humanité. Le voisinage des guerriers rouges devait agir sur les pionniers blancs; il a agi en effet, et non seulement sur eux, mais sur les sédentaires venus derrière eux et qui n'ont connu que les derniers soubresauts de la révolte.

L'Indien était caractérisé par deux traits principaux et non contradictoires : l'orgueil et la résignation. C'est par orgueil qu'il se complaisait à l'effort, écrasait la souffrance sous le poids de son mépris, défiait la mort et, en la recevant, se consolait de sa fin individuelle en songeant à la perpétuité de la nation. C'est par résignation qu'il croyait à la fatalité, acceptait le destin sans murmures et envisageait les biens périssables qui l'entouraient d'un regard intensément mélancolique. Ces caractéristiques sont celles de l'Ouest. Jusqu'à présent, elles seules sont immuables. Tout se transforme et elles demeurent. Le cowboy d'hier était ainsi; le fermier d'aujourd'hui est ainsi; le citadin de demain sera ainsi : amoureux de la lutte, dédaigneux du trépas, certain de la grandeur collective à laquelle il travaille, sans fiel contre le sort, mais attristé quand même par la menace toujours présente de ses coups.

*
* *

A force d'être puéril, leur orgueil est touchant. Pendant que le train décrivait autour de la ville une grande courbe et que le nègre du *Pulmann* nous époussetait avec son petit plumeau, j'ai adressé la parole à mon voisin. Il regardait d'un air familier les toits de cette cité où j'allais passer vingt-quatre heures et où je sentais qu'était son *home* à lui; cité quelconque, horriblement banale, avec ses trottoirs de bois, ses tramways, ses fils télégraphiques, ses *saloons* et ses banques. Je voulais le nom d'un hôtel; le meilleur ne devait pas être fameux; quand j'articulai ma question, il tourna la tête et m'observa en silence. Il ressemblait trait pour trait à l'oncle Sam, ce personnage traditionnel dont les caricatures et les nouvelles à la main rédisent les réparties si pleines de rude franchise et de gros bon sens : chapeau haut de forme posé un peu en arrière, barbe poivre et sel, très dure et taillée en pointe, et dans les yeux une étincelle de malice, à demi éteinte par je ne sais quelle raideur voulue, quelle indifférence hautaine. Je réitérai ma demande : j'étais étranger et je désirais connaître le meilleur hôtel.... Pouvait-il me l'indiquer?... Non, il ne pouvait pas; cela fut dit d'un ton si sec que je craignis de l'avoir froissé; mais au bout d'un instant, radouci, il s'expliqua. Presque tous les hôtels étaient de premier ordre : on n'avait que l'embarras du choix; ailleurs il pouvait y avoir plus de dorures, mais pour le confort, le *vrai* confort, ceux-ci étaient sans rivaux : et il me les énuméra complaisamment avec des mots louangeurs, concluant par ce refrain sempiternel : *they are amongst the very best in the world* : ils comptent parmi les premiers hôtels du monde. Et rien, rien n'eût pu ébranler, sur ce point, son jugement. A le regarder on devinait la simplicité de sa foi et la force de sa certitude : la foi d'un primitif, et la certitude d'un voyant.

Je me rappelai alors certain pavillon édifié dans l'enceinte colombienne, par les autorités d'un territoire du nord-ouest non encore admis au rang d'État, mal peuplé et peu cultivé : on y avait exposé les produits du sol, des grains de blé et des blocs de quartz avec quelques douzaines de mocassins confectionnés par les misérables descendants des tribus indiennes. Au centre, dans un cadre resplendissant, trônait une toile immense, œuvre d'un artiste natif : ni art, ni réalité, ni perspective, ni coloris; ce paysage était une abominable croûte. Dans la salle qui le contenait une dame d'âge mûr, l'air distingué, élégamment vêtue, faisait les cent pas. Chaque fois que je venais dans cette partie de l'exposition, j'entrais dans le pavillon pour voir si la dame était là montant sa garde volontaire. Elle y était et je l'entendais, de sa voix douce et discrète, dire aux visiteurs : « Ce tableau est d'un jeune homme qui deviendra un maître incontesté : nous sommes tout nouvellement créés, et pourtant déjà notre territoire a donné le jour à un grand artiste.... » Le boniment variait peu; on le sentait inspiré par une ardeur contenue, mais indéfinie, que rien ne pouvait décourager ni lasser.

* *

Et après l'Indien c'est le Mormon dont l'influence se fait le plus sentir, non pas le Mormon riche et

content de lui, espèce de sacristain débauché qui
forma autour de Brigham Young le conseil suprême
de l'église du grand Lac Salé, mais le Mormon humble
et pauvre qu'avaient séduit les élucubrations naïves
de Joe Smith ou les promesses extravagantes des
missionnaires envoyés en Europe par son rusé successeur. Il y eut deux mormonismes. Joe Smith était un
farceur, de l'ordre le plus vulgaire, mais il groupa
autour de lui beaucoup de sincères et de convaincus.
Tel était le désordre moral qui régnait alors dans les
cervelles américaines qu'un peu d'audace et d'imagination suffisait à déterminer un nombre impor-
tant d'adhésions à toute doctrine nouvelle; à vrai
dire, il n'y avait rien de nouveau dans la doctrine
de Joe Smith: de polygamie, il n'était point question. Le « livre de Mormon » ne présentait d'ori-
ginal que sa prétendue découverte au fond d'une
caverne préhistorique, à la suite d'une vision dans
laquelle Dieu aurait fait connaître au pauvre arti-
san illettré les destins suprêmes de l'humanité. On
y crut parce qu'on s'y attendait. L'idée d'une réno-
vation spirituelle, d'une seconde révélation, d'un
contact précis entre Dieu et l'homme troublait
infiniment d'esprits, même d'esprits distingués. Des
sectes se fondaient dont l'absurdité apparaît aujour-
d'hui à tous les regards, mais qui répondaient, en ce
temps-là, aux aspirations inquiètes de l'âme américaine, avide d'être éclairée et consolée. Smith ouvrait
à ses disciples des perspectives heureuses et tranquilles, sur la vie future; quant à la vie présente,
devenue le vestibule de l'éternité, il répandait sur elle

une sorte de crépuscule gris reposant et doux. Ce
crépuscule n'est point dissipé.

Les autorités des États-Unis persécutèrent ces illu-
minés inoffensifs; le coup de feu qui tua inopinément
Joe Smith dans sa prison créa véritablement le mormonisme en faisant de son fondateur un martyr. Puis
vint Brigham Young, colonisateur génial, mais
homme sans conscience ni morale qui, en guidant
cette troupe innocente et désorientée dans une odys-
sée merveilleuse à travers des déserts sans fin, et en
faisant jaillir la richesse agricole du sol désolé de
l'Utah, plaça sa domination et son prestige hors de
toute atteinte. Il put alors imposer à ses sujets une
discipline et une organisation militaires, établir la
polygamie, organiser un véritable haras humain,
faire appel aux instincts les plus abjects; rien n'ébranla
son pouvoir. Dans ce cadre farouche et grandiose où
les montagnes ont des couleurs dures et des arêtes
coupantes, les eaux des somnolences lourdes, la végétation des démences imprévues, il édifia une patrie
sinistre, sans horizon et sans profondeur, une patrie
où les joies furent bestiales et les vertus vulgaires.

Tous lui étaient soumis, mais tous ne le suivaient
pas. La polygamie était la récompense de la richesse:
« Devenez riches, disait le Prophète, et je vous don-
nerai autant de femmes que vous pourrez en entre-
tenir ». Des centaines de Mormons restèrent pauvres
et monogames et ne détachèrent pas leurs regards
du paradis enfantin que leur avait ouvert Smith.
Ils travaillèrent la terre, mais pour mieux gagner
le ciel. Soixante-dix ans ont passé depuis le soir

où Joe Smith, armé d'une bêche et d'une lanterne, s'en alla creuser l'excavation qui se voit encore à Manchester (État de New-York) et dans laquelle il prétendit trouver le livre de Mormon. Quarante-huit ans ont passé depuis que Brigham Young fonda sur les bords du grand Lac Salé la Nouvelle Jérusalem. Le mormonisme de Young est à peu près vaincu; celui de Smith subsiste. Et si vous vous étonnez d'entendre les rudes fermiers de l'Ouest se délasser parfois de leurs travaux en discutant des sujets mystiques ou théologiques, songez que tout ce pays est encore peuplé d'hommes qui ont cru que l'Amérique aurait l'honneur de donner au monde une religion nouvelle et dont beaucoup, peut-être, l'espèrent toujours.... La mélancolie mormonne s'est ainsi superposée à la mélancolie indienne.

Cueilli dans un journal de Cheyenne, cette perle : « Nos compatriotes ignorent, pour la plupart, que le droit de porter le costume masculin est accordé par le gouvernement français aux femmes qui ont accompli quelque action d'éclat ou qui ont atteint un haut degré de réputation littéraire, artistique ou autre. Cette distinction équivaut à ce qu'est le ruban de la Légion d'honneur pour les hommes. George Sand, Rosa Bonheur et Jane Dieulafoy pour ne citer que les plus célèbres, l'ont obtenue. Les femmes qui en sont jugées dignes doivent payer annuellement au Trésor la somme de 3 dollars (15 francs). » C'est pour rien!

Tout au sommet des montagnes Rocheuses, le train est arrêté. On ne dirait pas un sommet, mais quelque plaine stérile, quelque haut plateau balayé par des souffles froids. Une poussière rouge saupoudre les pauvres plantes à la mine pitoyable que le sort a fait naître là, et sur le bleu cru et glacial de l'atmosphère la teinte rouge du paysage est désagréablement impressionnante. Dans cette solitude un monument s'élève qui a tous les aspects d'un tombeau; mais c'est un trophée de victoire. Cette pyramide consacre le triomphe des deux grands ingénieurs qui ont relié les bouts du ruban d'acier et mis San Francisco à cinq jours de New-York. Il n'y avait pas besoin d'inscrire là le détail de leurs souffrances et l'étendue de leur courage : le voyageur qui atteint ce lieu devine aisément ce qu'il en a coûté de douleur humaine et d'énergie sans défaillance pour lui procurer la traversée confortable du monstrueux continent. Il ramasse respectueusement un morceau de cette pierre sanguinolente et l'emporte avec lui.

Le train se remet en marche, et c'est maintenant une plaine épouvantable, toute semée de pyramides pareilles, mais naturelles, celles-là, trop grandes pour être taillées par la main des hommes; elles se découvrent les unes après les autres, surgissant d'un océan de sable jaune; elles sont rouges, entaillées de rides profondes qui leur font des ombres d'un violet intense; leurs triangles maudits semblent écraser le sol et des terreurs sans nom attirent les regards vers elles. Le dernier brin d'herbe a disparu, le dernier oiseau a cessé de voler, la dernière goutte d'eau s'est évaporée; les éclats de rire stridents de la tempête éternelle qui souffle sur ces régions troublent seuls le silence de la mort.

Vers le soir, très tard, à l'heure où le soleil se couche du côté du Pacifique, nous faisons halte dans une petite oasis étrange. Il y a là une source imprévue qu'un bois de peupliers entoure; les peupliers se serrent les uns contre les autres avec une expression de frayeur enfantine. A leurs pieds pousse un mince gazon. Au milieu de l'oasis un petit jet d'eau des environs de Paris retombe dans un bassin fait de vieilles planches vermoulues. Le vent arrache les feuilles déjà jaunies par l'automne, et une chose vous saisit, la senteur de ces arbres familiers. Une odeur à laquelle, chez nous, on ne fait plus attention s'exhale de leurs troncs et de leurs branchages, odeur d'humidité, de verdure, d'arrière-saison.... Et de loin, on les voit, ces peupliers, qui s'inclinent comme pour dire adieu, avec une sorte de regret que leur exil soit sans remède et que la mort seule puisse les délivrer de l'odieux contact avec ce sol qui les nourrit à regret.

*
* *

Aujourd'hui un homme s'est jeté sous les roues de la locomotive. C'était dans une solitude semblable à celle d'hier, moins âpre pourtant. Quelques buissons rabougris poussaient le long de la voie : il s'était caché

derrière l'un d'eux et quand le train, passant à toute
vapeur, a été proche, d'un bond il s'est élancé!... Le
mécanicien, au bout de quelques mètres, a arrêté sa
machine et a rebroussé chemin. Le malheureux gisait
sur le sol, la tête ouverte; de sa blessure s'échap-
paient d'énormes caillots de sang; une pâleur livide
était répandue sur ses traits tourmentés. Il était vêtu
d'un pantalon gris foncé, d'une jaquette et d'un gilet
noirs qui avaient bonne façon; il avait des chaussures
solides, du linge blanc et quelque argent dans sa
poche. Les voyageurs regardaient en silence et derrière eux les serviteurs nègres, très intéressés par ce
suicide. On étendit le blessé sur un matelas dans un
des fourgons après avoir lavé et pansé sa plaie.
Demain sans doute, il sera mort et on devra l'enterrer
sans inscrire de nom sur son cercueil. Il en disparaît
beaucoup, des hommes dans le désert rocheux, et
l'état civil n'arrive pas jusque-là !

*
* *

Denver, gentlemen! prononce très fièrement un de
nos compagnons de route que l'approche de la capitale du Colorado rend subitement expansif après quarante-huit heures de mutisme. Et une grande ville
apparaît avec des maisons à soubassements de marbre,
à vitraux artistiques, entourées de jardins fleuris. Or
il y avait là, trente ans passés, des maisons de planches, des fondrières et quelques quinquets fumeux...

SUR LA COTE DE CALIFORNIE

I

Depuis deux jours, le *Southern Pacific* roule dans la poussière. Avant-hier, c'était encore le domaine du coton et de la canne à sucre. C'étaient les grands arbres avec les lianes et les lichens gris qui donnent aux paysages de la Louisiane une si intense mélancolie. C'étaient les flaques d'eau sous le feuillage et les rives dorées des « bayous » où les alligators se chauffent au soleil. Puis la végétation s'est faite rare et le bon sourire satisfait a disparu sur les visages nègres. Le Texas est une terre de labeur.

Un instant, sur la gauche, est apparu le Rio Bravo del Norte, dont il est si souvent question dans les récits mexicains. A El Paso nous avons touché les domaines du président Porfirio Diaz. La ville américaine et la ville mexicaine se font vis-à-vis; un tramway international court de l'une à l'autre, et les garnisons qui lisent, pour se distraire, les récits héroïques du passé, éprouvent, de temps en temps, une toute petite démangeaison belliqueuse! El Paso est la « frontière de l'Est » des Yankees.

Ses clochers ont disparu dans un nuage blanc. Il n'y a plus à présent qu'une solitude lamentable, vaste étendue de sable semée de broussailles jaunes. C'est l'heureux privilège de la terre californienne de ne se laisser approcher qu'à travers des régions maudites; alors, que l'on arrive par la vallée de Sacramento ou par celle de Los Angeles, on est saisi et charmé, au quatrième réveil, par la grande lumière qui s'épand sur les choses et qui leur donne un relief et des contours de paradis terrestre.... Dans ces deux vallées toute l'histoire de la Californie a tenu : la conquête pacifique et la conquête armée, les missions et les mines, l'or et la culture.

II

Le soleil tout-puissant paraît, au premier abord, avoir desséché, jusqu'en ses assises profondes, cette longue presqu'île qui allonge entre l'océan Pacifique et la mer Vermeille l'aridité de ses roches et de ses sables. C'est la Basse-Californie que Fernand Cortez visita en 1537; son nom lui vient, dit-on, d'une vieille chanson espagnole qui célébrait les richesses et les beautés des régions inconnues, situées au nord-ouest de Mexico; et, après tout, la vieille chanson ne mentait pas; les métaux précieux sortis du sol californien sont là pour l'attester.

Presque à la pointe de la presqu'île, bâtie dans un

lit de torrent sans eau, abritée par un promontoire
rocheux, La Paz fait vis-à-vis au port de Mazatlan,
situé dans la province mexicaine de Sinaloa. Le dis-
trict environnant n'est pas sans importance au point
de vue agricole, mais le sous-sol en constitue la
principale richesse. Les mines d'or et d'argent y
abondent. On prétend que jadis, au temps des
Jésuites, leur production atteignait un chiffre men-
suel de plusieurs millions. Beaucoup de légendes et
d'histoires dramatiques se content à ce sujet : les
galeries les plus riches auraient été obstruées en
1756, lors du renvoi des Jésuites, et les Indiens,
depuis lors, auraient fidèlement gardé le secret de
l'exploitation interrompue.

A deux cent cinquante kilomètres de La Paz, la
petite ville de Loreto, assise au bord de la mer Vermeille, recueille ses souvenirs et reçoit des pèlerins :
elle est encore le centre religieux du pays et l'on y
vient de très loin allumer des cierges en l'honneur de
la Vierge Marie. C'est là qu'en 1697 le missionnaire
jésuite Salvatierra fonda la première mission fortifiée,
pour la conquête du sol et la conversion obligatoire
des indigènes, et c'est là aussi que, le 24 novembre
1768, le Père franciscain Junipero Serra, natif de
Majorque, débarqua avec quinze autres Pères pour
succéder aux Jésuites expulsés l'année précédente.

Il ne s'agissait pas seulement de conserver les mis=
sions des Jésuites, mais d'en créer de nouvelles, en
montant vers le nord, par où pouvait venir l'Anglais,
en ce temps-là le rival redouté de l'Espagnol. Le gouvernement de Madrid avait traité avec les Franciscains.

Il assurait à chaque Père environ quatre cents piastres par an et leur donnait aussi quelques soldats pour les protéger. Ceux-ci devaient vivre dans un *presidio* proche de la mission. Il était entendu également que l'on établirait le plus tôt possible des *pueblos* ou villages destinés à devenir des centres de colonisation. Mais ces préoccupations matérielles tourmentaient peu la sainte âme du Père Junipero Serra. Il ne songeait, lui, qu'à baptiser les Indiens. Qu'importait le reste? Le monde lui était indifférent : il restait insensible au charme des plus innocentes distractions et tenait les yeux fixés, par delà les horizons de la vie, sur une éternité naïvement paisible. Il était, d'ailleurs, bon et doux, et sa biographie, que son ami et successeur, le Père Palou, nous a laissée légitime fort bien l'enthousiasme avec lequel la Californie, en 1884, a célébré le centenaire de sa mort.

Une ligne conventionnelle partant de Yuma où le Rio Colorado, sorti des sublimes horreurs du Grand-Cañon, se jette dans la mer Vermeille, et aboutissant à la baie de San Diego sur l'océan Pacifique, sépare aujourd'hui la Basse-Californie, restée mexicaine, de la Californie proprement dite, devenue yankee. La baie de San Diego fut la première conquête franciscaine. On organisa quatre expéditions pour s'y rendre. Un petit navire, le *San Carlos*, partit du cap San Lucas le 11 janvier 1769, portant vingt-cinq soldats. Il paraît, chose difficile à expliquer, qu'il lui fallut trois mois et demi pour faire la route. Un autre, le *San Antonio*, mit à la voile le mois suivant. Par la voie de terre venaient le Père Crespi, accompagné du capitaine Rivera, et le Père Serra, escorté par le capitaine Portala. Le 11 juillet, la mission de San Diego était fondée; une grand'messe fut chantée en plein air, et la prise de possession se fit en grande solennité, au nom du roi d'Espagne.

Tout aussitôt, le Père Crespi et le capitaine Portala furent chargés par le Père Serra de pousser une reconnaissance dans l'intérieur des terres : il s'agissait de retrouver la baie de Monterey, découverte et décrite vers 1602 par Sébastien Vizcaino. Les deux voyageurs ne la trouvèrent pas; ils errèrent le long des berges de la Salinas : c'était à l'automne. Dans la vallée roussie, les *ground squirrels*, ces gros écureuils gris qui ne savent pas grimper, jouaient gauchement; des chênes très sombres tachetaient les collines aux nuances fauves et aux reflets cuivrés, formant un de ces paysages bizarres comme on en voit, sans y croire, sur les paravents japonais; et, le soir, l'éblouissante féerie des couchers de soleil charmait leurs regards et soutenait leur constance. Ils allèrent ainsi, apercevant peut-être quelques traces laissées par les tribus indiennes, bien que ces parages fussent peu fréquentés, mais ne rencontrant aucun obstacle sur leur route. Ils passèrent au pied des monts que couronne aujourd'hui l'observatoire de Lick et traversèrent la plaine où l'Université de Palo Alto étend le réseau de ses cloîtres de granit rouge. Puis, un beau soir, la baie de San Francisco leur apparut, cerclée de collines, à demi couverte par les brumes nacrées, avec ses îles et ses îlots, et les roches qui gardent son étroite et mystérieuse entrée sur l'Océan. Sauf les phoques, qui doivent être des gens routiniers, et, sans doute, faisaient déjà leurs délices d'habiter sur ces roches, tout cela était désert. Qu'eût pensé le pauvre franciscain, s'il lui avait été donné d'apercevoir, se faisant vis-à-vis sur la baie, ces deux puissantes cités, San Francisco et Oakland, avec leurs faubourgs, leurs chemins de fer, leurs télégraphes, leurs clochers et les immenses bacs à vapeur qui vont de l'une à l'autre, remuant lourdement les eaux laiteuses?

Pendant ce temps, on souffrait cruellement à San Diego : les provisions attendues n'arrivaient pas; sans doute, le navire qui les apportait avait fait naufrage. Le Père Serra assembla son conseil, et la retraite vers Loreto fut décidée. Mais le lendemain, au jour levant, on aperçut enfin la voile tant désirée et les projets de marche en avant furent repris. Une nouvelle expédition, partie le 16 avril, découvrit enfin la baie de Monterey : elle était bien telle que Vizcaino l'avait décrite cent soixante-sept ans plus tôt. Le 3 juin, la mission de San Carlos fut fondée : un *presidio*, situé à peu de distance, devait la protéger. Des Indiens se trouvaient là. « Effrayés par les décharges de mousqueterie, ils s'abstinrent pendant quelques jours de prendre contact avec les blancs. Mais bientôt ils s'approchèrent, confiants, et furent amicalement reçus [1]. »

Quand la nouvelle de cette fondation parvint à Mexico, le 10 août 1770, elle y causa un grand enthou-

---

1. HITTEL, *History of San Francisco.*

siasme ; un *Te Deum* fut chanté, le canon tonna et le marquis de Croix, vice-roi en exercice, reçut solennellement les félicitations de ses administrés, comme si le nombre de toutes les Espagnes se fût trouvé accru par le fait.

Monterey devint bien vite le centre et le point de ralliement des établissements espagnols. Des expéditions nombreuses en partirent dont l'une, en 1772, remonta jusqu'à la vallée de Sacramento. Enfin, le Père Serra résolut de gagner la baie de San Francisco. Le 17 juin 1776, sous la conduite des Pères Palou et Cambon, une petite caravane quittait le rivage. « Il y avait, dit la chronique, sept colons mariés et dix-sept dragons également mariés avec beaucoup d'enfants et commandés par Don José Moraga. » Les laïques s'installèrent dans un *presidio* improvisé et peu après les religieux inauguraient leur mission. Le 1er juin 1777, on y baptisait les premiers convertis. « Ils ne savaient guère d'espagnol et pouvaient seulement répéter, après le prêtre, les noms des trois personnes de la sainte Trinité et des saints et nommer les mystères : ils récitaient les prières de chaque jour et s'agenouillaient devant la croix et les images. Cela était considéré comme suffisant [1]. » Il n'y avait aucune instruction. Seuls quelques enfants destinés au sacerdoce apprenaient à lire. Le plus grand nombre des Indiens demeuraient dans l'ignorance. On les appelait « gente sin razon », par opposition aux Espagnols réputés « gente de razon ». Il

---

1. HITTEL, *History of San Francisco.*

paraît qu'ils n'étaient pas à l'abri du fouet et qu'un
long bâton, terminé par une pointe de fer, servait à
réveiller leur pieuse ardeur quand ils s'endormaient
à l'église; mais, en règle générale, ils étaient bien
traités, ce qui explique comment beaucoup d'entre
eux acceptaient cette vie monotone et sans saveur.

Au lever du soleil, la cloche tintait pour la messe
obligatoire. Puis venaient le déjeuner et le travail
jusqu'à onze heures; les femmes mariées en étaient
seules exemptes. Trois heures de repos occupaient
le milieu du jour et le travail reprenait jusqu'à l'office
du soir. Comme distractions, les fêtes religieuses et
peut-être d'innocentes récréations dont il serait
curieux de connaître le détail. Le plus envié des
plaisirs devait être de prendre part à l'expédition qui,
presque chaque année, poussait jusqu'aux premières
rampes de la Sierra Nevada, dans le but de faire des
recrues. On mettait en avant les plus convaincus et
les plus fidèles des nouveaux convertis : c'était à eux
de persuader leurs frères indiens. Quelques troupes
suivaient. La rencontre n'était pas toujours pacifique ;
à plusieurs reprises, il y eut du sang versé. On appelait cela : *ir a la conquista.*

Le Père Palou, qui voit naturellement les choses
en beau, écrit dans son journal : « Nous avons baptisé
aujourd'hui trois enfants nés ces derniers temps d'un
gentil et de trois sœurs qu'il avait épousées. Et, non
content d'avoir trois femmes, il avait encore épousé
sa belle-mère. Mais il a plu à Dieu de convertir ses
quatre femmes : il n'a gardé que l'une, et les trois
autres, après avoir été baptisées, ont reçu des maris

selon la loi de l'Église. Tous ceux qui sont *soumis* vivent auprès de nous et deux fois par jour viennent aux offices. Ils vivent sur les moissons qu'ils obtiennent en cultivant le blé, le maïs et les haricots. Les pêchers et autres arbres de Castille qu'ils ont plantés donnent déjà des fruits. Ils portent des vêtements que nos Pères nous envoient du Mexique et qui sont donnés par le trésor public ou par de généreux bienfaiteurs. »

En 1787, il n'y avait que neuf missions; à la fin du siècle, il y en avait dix-huit avec 40 religieux et 135 000 néophytes; le bétail comprenait à peu près 70 000 têtes, et la récolte variait annuellement de 30 à 75 000 boisseaux de grains [1]. La mission de San Francisco avait, en 1783, 215 Indiens, 308 têtes de bétail, 31 chevaux, 183 moutons; — en 1813, 1 205 Indiens, 9 270 têtes de bétail, 622 chevaux, 10 120 moutons; — en 1832, 204 Indiens seulement, 50 000 têtes de bétail, 1 000 chevaux et 35 000 moutons. Cette statistique peut s'appliquer, avec quelques variantes, à la plupart des autres missions. On le voit, les ambitions du Père Serra ne s'étaient pas réalisées : il avait rêvé de laisser derrière lui des milliers de catholiques : il ne laissait guère que des troupeaux de bœufs, de chevaux et de moutons. Ce n'est pas que les Indiens aient déserté en masse, mais ils furent décimés par une maladie inexpliquée; la mortalité doubla parmi eux, en même temps que diminuait le nombre des naissances. Le phénomène s'est produit ailleurs : il semble que la race rouge ne puisse vivre

---

1. Royce, *American Commonwealths ; California.*

au contact de la race blanche, même quand celle-ci
ne lui apporte que la paix et le bien-être.

Lorsque le Mexique devint indépendant, le salaire
des religieux fit défaut, ce qui ne contribua pas à les
rendre républicains. Des tiraillements s'étaient produits entre eux et les militaires chargés d'assurer
leur sécurité. L'élément civil avait pris parti pour les
militaires; l'œuvre se désagrégeait de toutes parts;
on sentait la sécularisation prochaine. Les Cortès
l'avaient déjà demandée pendant les derniers temps
de la domination espagnole : elle tarda à s'accomplir;
l'état de choses auquel elle mit fin ne subsistait plus
qu'en apparence.

Les souvenirs de cette époque tranquille et poétique sont restés chers aux cœurs des Californiens;
mais je gage que du haut du ciel, où ses vertus et
ses bonnes intentions l'ont certainement conduit, le
Père Junipero Serra a refusé de regarder les lampions
allumés en son honneur, le jour de son centenaire.

III

La période qui s'écoula de 1810 à 1846 vit se
former, sur la côte du Pacifique, une société aima-
blement paresseuse, élégante, naïve et brave comme
les aristocraties coloniales essaimées par la vieille
Espagne dans les solitudes du nouveau monde. Étant
pour la plupart de sang très pur, ces Californiens
méprisaient un peu la République mexicaine devenue
leur mère patrie, mais ils obéissaient à ses lois sans
résistance. Ce qu'ils aimaient surtout, c'était l'at-

mosphère cristalline, les soirs embrasés, l'alternance
heureuse des plaines, des bois et des monts, la
grande houle de l'océan sur les grèves dorées et cette
effervescence joyeuse de la nature qui, chaque printemps, revêt le pays d'un manteau de fleurs aux
nuances triomphales. Éparpillés sur ce vaste territoire, se grisant d'air irrespiré, adorant le sport et
la musique, ils se donnaient les uns aux autres une
hospitalité charmante. Le galop et la sérénade ryth-
maient leur vie.

Point d'industries, bien entendu; pas même le désir
d'en établir. Les objets manufacturés leur arrivaient
à de longs intervalles : ils les payaient fort cher et
n'en prenaient nul souci. A partir de 1822, il y eut
un commerce régulier avec Boston, par la voie de
Panama. Puis, vers 1826, les premiers trappeurs
apparurent, venant des montagnes Rocheuses, de
ces profondeurs inconnues et terribles vers lesquelles
on ne tournait que des regards craintifs, comme les
enfants qui ont peur des recoins obscurs. Bancroft
estime qu'en 1830 il y avait quatre mille blancs en
Californie, et qu'en 1846, à la veille de la conquête,
ils étaient environ dix mille.

Les troubles commencèrent en 1829. Le ranchero
Solis, ancien convict, groupa quelques soldats dont
la solde était en retard; il y eut un petit combat près
de Santa Barbara, une de ces batailles honnêtement
inoffensives où l'on brûle beaucoup de poudre et à
la suite desquelles on publie un grand nombre d'ordres du jour. En 1836, une sérieuse tentative d'éman-
cipation força le Mexique à reconnaître pour gouver-

neur le chef du mouvement insurrectionnel, Alva-
rado. On prévoyait déjà que les États-Unis entre-
raient bientôt en scène. Cette même année 1836, le
Texas s'était révolté. — Dans la nuit du 6 mars,
170 Texiens assiégés depuis onze jours dans l'église
de l'Alamo par 4000 Mexicains avaient péri jusqu'au
dernier. Santa Ana, vainqueur, avait fait amonceler
leurs corps sur un bûcher monstrueux et avait froide-
ment contemplé la flamme qui les dévorait. De ces
cendres immortelles la République texienne était
sortie. Mais on savait qu'elle ne durerait pas. A Washington, l'annexion du Texas était décidée, en principe, même au prix d'une guerre avec le Mexique.
Aussi une frégate américaine croisait-elle sur les
côtes de Californie : son commandant devait, à la
première nouvelle des hostilités, débarquer et prendre
possession du pays en arborant le drapeau étoilé.

Entre temps, le nombre des Américains augmentait. Des négociants de l'Est, gens entreprenants,
quelques-uns fort distingués, s'étaient établis aux
environs de Yerba Buena, le minuscule petit village
qui allait devenir San Francisco. Dans la vallée de
Sacramento, il y avait tout un « settlement » d'aven-
turiers ou, comme l'on disait, de « pionniers », et
parmi eux, quelques impatients qui s'avisèrent un
beau jour de peindre un ours sur un drapeau en
manière d'armoiries et de proclamer une République
indépendante. On rapporte à ce sujet une anecdote
assez typique. Ces néo-républicains, désireux de se
procurer quelque otage de marque, descendirent
pompeusement à Sonoma, le bourg voisin, pour

s'emparer du général Vallejo qui y vivait tranquille-
ment en militaire devenu planteur. Le général reçut
fort bien ses visiteurs et fit apporter des rafraîchisse-
ments pour aider leurs délégués dans la rédaction
de l'acte de capitulation. Ce fut un peu comme dans
l'arche de Noé. Délégués sur délégués pénétrèrent
dans la maison et ne reparurent plus. Un patriote
indigné et incorruptible, entré le dernier, les trouva
tous ivres morts dans le salon.

Des rumeurs absurdes circulaient dans le pays. On
prêtait aux représentants du gouvernement mexicain
des projets sanglants et on interprétait la présence
de l'amiral anglais Seymour dans les eaux califor-
niennes comme une menace éventuelle de conquête
de la part de l'Angleterre. Un jeune officier des
États-Unis, le capitaine (depuis général) Fremont,
qui dirigeait une expédition topographique dans la
Sierra Nevada, eut le tort d'ajouter foi à ces racon-
tars et de se donner à lui-même la mission de con-
quérir la Californie sur un ennemi imaginaire. Comme
un fruit mûr se détache de l'arbre, la Californie allait
paisiblement tomber entre les mains du consul Larkin
qui représentait les États-Unis avec autant de zèle
que de mesure et de tact. Les violences inutiles de
Fremont, les ridicules rodomontades du commodore
Stockton, la loi martiale établie sans motif furent
autant de maladresses dont les conséquences devaient
être graves [1]. Il y eut une rébellion dans le Sud; il

1. C'est le 7 juin 1846 que les États-Unis s'emparèrent de la
Californie. Cette prise de possession ne devint régulière que par
le traité de Queretaro, signé le 30 mai 1848.

fallut évacuer Los Angeles et Santa Barbara, et le
général Kearny, qui venait d'accomplir en se pro-
menant la facile conquête du Nouveau-Mexique, se
fit battre par les insurgés. Les Américains étaient
évidemment les plus forts; ils n'eurent pas de peine
à reprendre Los Angeles et le bon sens leur dicta
ensuite une amnistie générale. Mais les haines de
races étaient nées; jusqu'en 1858 elles devaient occasionner des crimes dans les comtés du Sud et la
guerre sociale ne devait plus cesser qu'après la dis-
parition définitive des vaincus. Ils avaient perdu leur
indépendance, ils allaient perdre leurs fortunes. Les
vastes domaines qu'ils tenaient de la métropole
avaient des limites vagues et la propriété en était
fixée par des titres incomplets. Le flot montant des
émigrants empiéta sur eux : des procès sans nombre
s'engagèrent. Ils les perdirent ou se ruinèrent pour
les gagner et bientôt il n'y eut plus pour eux d'autre
alternative que de quitter le pays ou de tomber dans
la misère. Quelques-uns de leurs descendants y sont
encore.

Et soudain, comme la Californie cherchait à se
pacifier et à s'organiser, le cyclone de l'or éclata.
Nulle météorologie n'avait pu le prévoir. Le 19 janvier 1848, un ouvrier qui travaillait à la construction
d'une scierie hydraulique à Colonia, dans la région
de Sacramento, trouva les premières pépites. Il les
porta à San Francisco [1] où elles furent exposées aux

---

1. Yerba Buena avait reçu officiellement, l'année précédente,
le nom de San Francisco et ne comptait encore que fort peu
d'habitants.

regards de tous. En un clin d'œil, la ville se vida. Le 29 mai, le journal *le Californien* suspendait sa publication, faute de lecteurs. Dès la fin de juillet, les mines avaient produit 250 000 dollars et la nouvelle s'était répandue comme une traînée de poudre. On arrivait de partout, de Los Angeles, de l'Orégon, des îles Hawaï, du Mexique, du Chili. Annoncée le 20 septembre à Baltimore, la découverte de l'or provoqua d'abord des sourires d'incrédulité, mais bientôt le doute ne fut plus permis; le cyclone arrivait. Août et septembre avaient produit 600 000 dollars (3 millions de francs). Une folie spéciale s'emparait de tous : on vit des mariages se rompre, des familles se désorganiser et des agences d'émigration se fonder. Des prédicateurs, qui montaient en chaire un dimanche pour anathématiser le culte idolâtre du veau d'or, étaient en route le dimanche suivant. En quelques mois, le chiffre de la population, en Californie, tripla. A la fin de janvier 1849, quatre-vingt-dix vaisseaux chargés de monde avaient quitté les ports de l'Est et soixante-dix autres se préparaient à les suivre. Cette même année 1849 produisit 1 500 000 dollars et amena 100 000 émigrants. En 1850, on compta 3 millions de dollars. En 1851, on passa à 34 millions et, en 1852, à 46 (230 millions de francs). A la fin de cette année-là, la population s'élevait à 255 000 âmes. Entre temps, une constitution avait été votée et la Californie avait pris rang dans l'Union, malgré la violente opposition des sénateurs sudistes, lesquels voyaient s'augmenter ainsi le nombre des États anti-esclavagistes.

San Francisco n'avait pas de trottoirs, mais pos-
sédait un grand nombre de criminels, repris de justice, échappés du bagne, qui multipliaient les mauvais coups. L'émigration avait amené deux catégories
de citoyens : une élite d'hommes énergiques, intelligents et tenaces, et une élite d'hommes débauchés,
paresseux et malhonnêtes. Les premiers se réunirent
pour pendre les seconds. C'est ce qu'on a appelé le
« Comité de Vigilance » de 1851. Il y en eut un second
en 1866. L'un et l'autre furent absolument remar-
quables pour l'esprit pratique qui présida à leur organisation, la correction des enquêtes, la fermeté et la
modération des jugements. Il y eut peu d'exécutions :
elles suffirent à inspirer aux criminels une salutaire
terreur.

Dans les mines, on jouait volontiers du couteau.
Des campements étranges, sommairement établis
dans un repli de montagne, réunissaient les Européens décavés et les Yankees avides. Des fortunes se
faisaient et se défaisaient au jeu. La bête humaine
se montrait dans toute sa sauvagerie, sans frein et
sans loi.

Pauvre Californie! Les véritables richesses de son
sol privilégié demeuraient inconnues, attendant la
fin du mauvais rêve et la venue du bon ouvrier.

IV

Ici se place un incident qui intéresse trop directement la France pour qu'on puisse le passer sous
silence. La fièvre de l'or avait sévi, comme une véri-

table *influenza*, sur les deux rives de l'Atlantique, dans le vieux monde comme dans le nouveau. Les agences d'émigration de Bordeaux et de Paris n'étaient pas les moins actives et, vers 1851, il y avait tout près de 8 000 Français en Californie. Disséminés dans les campements miniers, où d'abord ils avaient été accueillis comme de bons et joyeux compagnons, leur présence n'avait pas tardé à susciter des jalousies et des rivalités haineuses. Mal protégés, parce que leur esprit de retour demeurait intense et les empêchait de demander la naturalisation, ils finirent par être en butte à l'hostilité des Américains qui les chassèrent brutalement des mines.

Le comte de Raousset-Boulbon se mit à leur tête. Il était lui-même un naufragé de la vie et avait passé, en Californie, par les plus durs métiers. Coureur d'aventures plus que de dollars, ambitieux de gloire plus que de richesse, il entrevit la possibilité de venir en aide à ses compatriotes malheureux, tout en dotant la France d'une colonie nouvelle. Il s'agissait de la Sonora à laquelle on attribuait, à tort ou à raison, un sous-sol minier d'une grande étendue. En tout cas, ces mines existaient, car leur exploitation n'avait cessé qu'avec la domination indienne.

Raousset-Boulbon se rendit à Mexico et, appuyé par le ministre de France et par une puissante maison de banque, il acquit à ses vues le président Arista. Revenu à San Francisco, il y organisa son expédition et, le 10 juin 1852, il débarquait à Guaymas avec 250 Français. Dans l'intervalle, les intrigues de l'Angleterre avaient arraché au président du Mexique

4

le retrait de la concession. Le général Blanco, gouverneur de Sonora, reçut fort mal la petite troupe
et fit à son chef des offres inacceptables. Ce dernier
se décida à marcher de l'avant. Après un arrêt à
Magdalena, où ils assistèrent à de grandes fêtes religieuses et devinrent en peu de temps les amis de la
population indigène, les Français, arrivés devant
Hermosillo, en chassèrent le général Blanco et ses
1 200 soldats et s'installèrent dans la place. Par
malheur, Raousset-Boulbon tomba dangereusement
malade et fut pour de longs jours réduit à l'impuis-
sance. Sa troupe, découragée, prêta l'oreille aux
propositions de Blanco. Les Français reçurent qua-
rante mille piastres à la condition d'évacuer le pays.
Ils regagnèrent Guaymas, transportant leur chef
dans une litière, et se rembarquèrent pour San Francisco. Or, en Californie, la prise d'Hermosillo avait
eu un retentissement considérable; un renfort de
600 Français allait partir et les capitalistes se préparaient à soutenir l'entreprise. Revenu à la santé,
Raousset-Boulbon résolut d'organiser une seconde
expédition.

De nouveau il se rendit à Mexico. A la suite de trois
pronunciamentos successifs, Santa Ana s'était installé
dans le fauteuil présidentiel. Un traité fut conclu
entre le chef d'État et l'aventurier pour l'établissement en Sonora de 500 Français. Mais, comme
Raousset-Boulbon se préparait à quitter la ville,
Santa Ana, toujours sous l'influence de l'Angleterre,
le rappela, reprit sa parole, et, par compensation, lui
offrit le commandement d'un régiment mexicain.

Raousset-Boulbon refusa en termes hautains et partit.

Son idée lui avait suscité des rivaux. Un corps de « flibustiers » américains, sous la conduite d'un certain Walker, s'organisait en Californie et fut bientôt en route pour la Sonora. Ce qu'apprenant, Santa Ana, inquiet et préférant les Français aux Yankees, revint une troisième fois sur sa décision. Raousset-Boulbon fut autorisé à s'établir en Sonora avec trois mille de ses compatriotes. On touchait au but; à San Francisco, 300000 dollars furent souscrits par des banquiers français ou amis de la France. Personne ne doutait du succès de l'entreprise, lorsque le gouvernement des États-Unis intervint à son tour : sous le fallacieux prétexte de violation des lois de neutralité, les Français furent arrêtés et désarmés : on ne laissa partir que trois cents colons sans défense et sans ressources.

Raousset-Boulbon leur avait promis de les suivre : son découragement était extrême, mais il n'hésita pas. Le 24 mai, dans la nuit, il s'embarqua secrètement. A Guaymas, la trahison l'attendait. Santa Ana n'avait plus peur de Walker et de sa bande déjà dispersée, et ses dispositions étaient prises pour anéantir les colons. Dès la première rencontre, une centaine d'entre eux périrent. Les autres refusaient de se rendre tant que leur chef ne serait pas compris dans l'amnistie qu'on leur offrait. Les Mexicains ayant cédé sur ce point, ils se rendirent. Mais, au mépris de la parole donnée, Raousset-Boulbon fut exécuté le 12 août 1853. Napoléon III, sollicité d'intervenir, avait refusé.

La colonie française de Californie a décru en richesse et en nombre : son patriotisme est encore vibrant. En 1870, 1 500 000 francs sont venus de San Francisco adoucir les maux de nos soldats,... mais notre place est prise. Encore un pays que la nature et le hasard avaient orienté vers l'influence et le génie français et que nous avons maladroitement perdu! Nous devrions au moins honorer une grande pensée et un noble caractère en élevant un petit bout de statue au comte de Raousset-Boulbon.

V

Il vous est loisible de relire ces choses en visitant vous-même les lieux qui en furent le théâtre : Ce récit sera autrement éloquent que le mien.

Toutes les missions ne sont pas ruinées : il y en a dont les chapelles, à demi restaurées, servent de paroisses. On y voit encore des peintures enfantines et des statues contournées représentant la Vierge en robe à paniers ou les saints en abbés de cour. Quand, au matin, par une aurore empourprée, ou bien à l'angélus du soir, la cloche, apparente au-dessus de la façade dentelée, se met à tinter doucement, elle évoque les pauvres Indiens raclant le sol avec leurs instruments primitifs, les lourds chariots aux roues massives, la sentinelle montant autour de l'enceinte, une garde fantaisiste, et les longues processions avec les cierges de cire et les images de bois doré. Vous trouverez la mission de Monterey discrètement cachée derrière un repli de terrain et se mirant dans un étang

bordé de roseaux à fleurs blanches; celle du Carmel,
proche de la baie où, comme au temps des Franciscains, les vagues caressent sans contrainte la belle
plage arrondie sans que nul bruit humain interrompe
leur rythme musical. Dans les chemins poussiéreux,
vous croiserez des hommes à cheval qui chantent des
paroles yankees, sur des airs espagnols, et poussent
devant eux des bestiaux. Ces hommes ont la chemise
ouverte sur la poitrine nue : leur déshabillé est artistique et chacun de leurs mouvements charme par la
grâce inconsciente dont il est empreint.

Quand vous aurez passé les montagnes de Santa
Ynez et aperçu la plaine de Santa Barbara et l'océan
Pacifique semé de grandes îles lumineuses, ce sera la
Californie du Sud, plus exubérante, plus chaude de
teintes, presque tropicale par endroits. Vous irez
visiter la mission de Santa Barbara qui seule est
intacte, et le vieux franciscain irlandais qui entr'ouvre
d'un air bougon la porte vermoulue sourira presque,
s'il sait que vous venez de Paris. Vous attacherez
votre cheval à l'ombre d'un poivrier et vous écouterez
la fontaine qui joue dans le grand silence de midi,
tandis qu'une avalanche de soleil tombe sur la terrasse blanche et que les cactus et les aloès détachent
sur les murs de pisé leur dentelure bleue.

Autour de Santa Barbara il y a beaucoup de *ranchs*
pour la culture des citrons, des olives, des oranges.
Les citronniers sont plantés en quinconce, espacés respectueusement comme de grands personnages. Entre
eux circulent les tuyaux d'irrigation : sous les feuilles
vernissées se cachent les gros fruits d'or.

L'eau vient de la montagne où sont aussi les *vaqueros* préposés à la garde des animaux. Vous irez les voir : ce sont de beaux gars mexicains, hardis cavaliers et joyeux chanteurs. Ils passent, là-haut, des nuits musicales, la guitare à la main, sous la surveillance d'un vieux patriarche qu'ils appellent « l'oncle » et dont ils suivent les instructions au pied de la lettre. Quand l'oncle est soûl, les vaqueros se grisent pour lui tenir compagnie. Ils ne parlent qu'espagnol et se marient entre eux. Ils descendent de temps en temps à Santa Barbara pour un grand bal qu'ils organisent et dans lequel ils exécutent, au travers des danses, mille tours d'adresse que leur suggère leur imagination fertile de séducteurs. Ils prennent aussi leur part du carnaval fleuri qui se déroule, une fois l'an, par les rues de la ville.

Cela, c'est tout ce qui reste de la vieille Californie mexicaine, échappée au joug des missions, non encore utilisée par l'industrieux Yankee, insouciante et frivole. En ce temps-là, comme aujourd'hui, la « bianca flores », la fleur d'amour, modeste et pâle, dont le nom revient si souvent dans les chansons des vaqueros, exhalait le long des sentiers son parfum pénétrant, les cri-cri jasaient aux approches de la nuit, les serpents à sonnettes sifflaient sous les herbes, et la houle balançait des bancs de varech, d'un varech très doré, doré comme le sable de la plage. Et les yeux d'alors pas plus que les yeux d'aujourd'hui ne pouvaient, la nuit, fixer la lune, éblouissante comme un soleil dans cette atmosphère si pure!

VI

Une Californie moderne a pris naissance : l'histoire de sa formation n'est pas faite pour intéresser l'Européen; c'est une histoire de crises locales; on peut la résumer en quelques lignes. Il y eut des spéculations folles, des paniques absurdes, voire même une émeute socialiste organisée vers 1877 à San Francisco par l'agitateur Kearney. Un moment on crut avoir trouvé des diamants, et la fièvre de la fortune reprit, intense. Un flot d'émigrants, provenant de tous les coins de la terre, arrivait sans cesse; d'autres quittaient le pays, enrichis ou définitivement ruinés. Jamais on ne vit, nulle part, semblable instabilité sociale. Comment faire une nation avec tous ces éléments irréductibles! On n'y songeait même pas. Et pourtant la nation s'est faite, toute seule. Le passé a pris sa revanche. Les envahisseurs avaient conquis le sol; le sol, à son tour, a reconquis ses vainqueurs. Il a eu raison de leurs habitudes nomades, de leur scepticisme de vagabonds. Il les a fixés, disciplinés, domptés. Oh! comme ils l'aiment maintenant, ce sol divin! Cela se voit même dans la capitale restée cosmopolite malgré tout; le sentiment est bien plus fort dans les villages et dans les campagnes. Ils font des affaires parce qu'ils ont cela dans le sang. Mais ils subissent aussi l'influence de ce clair soleil qu'ils boivent tout le jour, de ces étoiles qu'ils peuvent compter toutes les nuits. Ils ont le sens artistique et leurs ambitions sont royales :

Thy sons shall be as gods of classic story;
Thy regal daughters noble, fair and strong.
From thy new world shall rise immortal heroes,
O golden land of labor, art and song! [1]

Le pinceau et la plume sont encore un peu gauches dans leurs doigts inexpérimentés, mais la sève est vigoureuse et son ascension rapide.

VII

Près d'Oakland, sur les flancs d'une colline aux formes grecques, s'étagent les constructions légères, mais déjà démodées, de l'Université de Californie. Toute une génération porte déjà l'empreinte de la science acquise en ce lieu. Plus californienne dans ses tendances sera vraisemblablement la nouvelle Université de Palo Alto, fondée par le sénateur Stanford sur son propre domaine, situé entre San Francisco et Monterey. Par une heureuse inspiration, l'architecte l'a bâtie dans le style des missions, mais avec des matériaux précieux. Un porche surbaissé donne accès dans une cour centrale que décorent des plantes des tropiques groupées en huit massifs géants. Un cloître très vaste l'entoure, reliant les bâtiments à un étage couverts de tuiles rouges. D'autres cours et d'autres cloîtres viendront peu à peu compléter le plan d'ensemble. Ce qui est là représente déjà une dépense de près de vingt millions de francs, et, comme les étudiants ne rapportent guère, il faut, pour soutenir le train d'une pareille maison, des revenus

1. Joséphine Walcott.

considérables. M. Stanford y a pourvu. En plus de sa royale dotation, il a laissé ses chevaux, qu'il aimait tant, et sa célèbre galerie de tableaux. Sur le domaine de Palo Alto il y avait mille quatre cents chevaux : les connaisseurs les estimaient fort. L'Université en a vendu un grand nombre, mais elle n'a pas renoncé à l'élevage, qui est, pour elle, une source de profits. Cette annexe hippique est bien digne d'une université californienne. Quant aux objets d'art, on leur a bâti un bel asile sur la lisière des bois, un peu loin des jeux et du bruit. Tout à l'opposé sont les maisons des professeurs, éparpillées dans l'herbe.

Une allée du parc conduit à une chapelle de marbre blanc où reposent les restes du fils de Leland Stanford, mort avant vingt ans à Florence. Tourné, dès son jeune âge, vers les choses de l'esprit, il rêvait de transformer plus tard le domaine de Palo Alto en une université modèle et, quand ses parents ont vu se fermer devant eux le chemin des espérances terrestres, ils ont pensé qu'il ne leur restait plus qu'à employer leur immense fortune à la réalisation de ce projet si noblement enthousiaste. Ils ont tout donné : ils ont inscrit le nom juvénile au fronton de l'Université et ont confié aux étudiants à venir le soin de le transmettre à la postérité. Dernièrement, le sénateur Stanford est venu rejoindre son fils dans le temple de marbre.

De là, on aperçoit à l'horizon la ligne bleue des montagnes et, sur un des sommets, un point blanc se détache. C'est le fameux observatoire de Lick. James Lick, l'ouvrier enrichi, est enseveli là, dans la

maçonnerie qui soutient le télescope géant dont sa
libéralité a doté la science. On a beau dire que
tous ces gens-là étaient des coureurs de dollars et
qu'ils ont cherché à faire parler d'eux après leur
mort. C'est une explication jalouse et sans portée.
Pour se choisir de pareils tombeaux, il ne suffit pas
d'être ambitieux.

VIII

A cette heure-ci (il est tard, c'est le soir), San
Francisco se repose des labeurs du jour. La ville chi-
noise a allumé ses lanternes et ouvert ses fumeries
d'opium : les dormeurs en sont à la première période
de leur silencieuse orgie; un tapage bizarrement
rythmé s'échappe des théâtres où les drames en huit
soirées déroulent leurs complications enfantines. A
l'Olympic Club, il y a concert et gymnastique. Les tra-
pèzes vont et viennent au son des guitares, tandis que,
dans la vaste piscine étincelante de lumière électrique,
des nageurs attardés prennent leurs ébats. Au Bohe-
mian Club, l'on joue, l'on cause et l'on rit entre
artistes. Quatre ou cinq associations se donnent des
banquets et savourent les mets les plus parisiens. Sur
les hauteurs, les demeures des « millionnaires » sont
discrètement éclairées. Dans la plaine, la lune effleure
la blanche façade de la 'mission Dolores, l'humble
église de pisé qui fut le berceau de cette métropole —
et allonge quelques rayons timides sur la sombre car-
casse d'un cuirassé géant, tout seul dans les chantiers
déserts, sans équipage encore et sans canons.

La cour du Palace Hotel est toute blanche, blanche comme un conte de fée. Les galeries superposées s'envolent, légères, vers le toit vitré. Les lampes électriques, semées dans les encoignures, lui font un éclairage de ver luisant. Et, pour aviver la bizarrerie du spectacle, deux jeunes serviteurs chinois sont là qui attendent les ordres du majordome. Ils ont enroulé autour de la tête la longue tresse de cheveux pour la soustraire aux gamins qui, dans la rue, s'amusent à la tirer, et cela encadre doucement leur visage jaune. Leurs regards sont perdus dans le vague et une sorte de sourire « en dedans » plisse leurs lèvres. On se figure volontiers qu'ils songent à leur pays, aux belles jonques enluminées qui croisent sur les rivages. Mais ceux qui les connaissent assurent qu'ils ne songent à rien....

LE MOUVEMENT UNIVERSITAIRE

AUX ÉTATS-UNIS

Septembre 1896.

L'université de Princeton va célébrer le 150ᵉ anniversaire de sa fondation. Princeton n'est pas la plus riche des universités transatlantiques, ni la plus peuplée, ni même la plus ancienne. Elle a pourtant de beaux revenus, de nombreux étudiants et des titres de noblesse dont tireraient vanité bien des établissements scientifiques du vieux monde. Beaucoup de Français, je le crains, ignorent jusqu'à son nom et n'apprendront son existence que le jour où elle atteindra l'âge respectable d'un siècle et demi. Ce jour-là Princeton sera en liesse. On lui lira de longues adresses élogieuses; on lui chantera des cantates triomphales; on prendra part, en son honneur, à de fraternelles agapes à l'issue desquelles jeunes et vieux feront assaut d'éloquence — de cette éloquence d'après-dîner, vive, spirituelle, pétillante comme la

mousse de champagne, et dans laquelle les Américains sont passés maîtres. Afin que son anniversaire
fût fêté convenablement, les anciens élèves et les
amis de l'université ont souscrit près de cinq millions
de francs. Ce serait beaucoup s'il ne s'agissait que
de victuailles et de feux d'artifice; mais, selon l'usage
d'outre-mer, la plus grande partie de cette somme
sera employée à d'utiles fondations, à agrandir ou à
embellir les bâtiments universitaires.

Ils sont groupés dans la verdure, sur le sommet
d'une colline non loin de laquelle passe la grande
ligne de New-York à Philadelphie. L'Européen naïf,
qui court d'une ville à une autre et appelle cela visiter les États-Unis, entrevoit un instant dans la brume
la silhouette de leurs clochers et de leurs pignons. Si
aux luxueuses installations du *Pensylvania-Limited*
il avait préféré la lenteur pittoresque du train omni-
bus, il aurait pu descendre à *Princeton junction*, d'où
un petit chemin de fer joujou l'eût conduit en dix
minutes à l'entrée même du *campus*. Le *campus*,
dans une université américaine, c'est le centre de la
vie collective, le carrefour où tout converge. Là
s'élèvent les amphithéâtres, les salles de conférence,
le gymnase, la chapelle, la bibliothèque et ces *dormi-
tories*, vastes constructions qui groupent trente, cinquante, quelquefois cent étudiants et où chacun a sa
chambre et son cabinet de travail qu'il meuble et
décore à sa fantaisie. Tous ces édifices sont séparés
les uns des autres par des pelouses et des bouquets
d'arbres. Ils datent en général d'époques différentes
et leur architecture est très variée.

Le *campus* de Princeton est l'un des plus beaux et
des plus pittoresques que l'on puisse voir. Il est
coupé par de grandes avenues aux ombrages sécu-
laires. On y lit d'un coup d'œil toute l'histoire de
l'université racontée par ses monuments, depuis Nassau hall, qui fut l'humble berceau de ses destinées,
jusqu'à Alexander hall, à peine achevé, et dont les
voûtes immenses et somptueuses vont voir passer
le cortège de son centenaire. Quand elle fut créée en
1746, la fameuse cloche de Philadelphie n'avait pas
encore sonné l'heure de la liberté. Ce fut un gouverneur anglais qui signa la charte de fondation et
imposa ce nom de Nassau, symbole de servitude,
qu'on a conservé par respect historique. Le long des
murs en pierres brutes de Nassau hall, les premières
promotions plantaient, chacune, un pied de lierre et
scellaient une plaque de marbre commémorative de
leur passage. Les lierres entrelacés couvrent aujour-
d'hui les quatre façades, image de la prospérité
engendrée par l'effort successif de chaque génération.

Non loin de là s'élèvent deux petits temples de
forme grecque, précédés de gradins et de péristyles.
Ils servent de lieu de réunion à deux « parlottes »,
dont l'une, l'*American Whig society*, a formé plus d'un
orateur politique et compte dans ses rangs beaucoup
de citoyens éminents. Au temps déjà lointain où
furent construits ces petits temples, les universités
n'étaient pas riches. On employa le bois des forêts
avoisinantes. Tout dernièrement ils ont été réédifiés,
en marbre cette fois, et l'*American Whig society* pos-

sède une salle des séances dont notre conférence Molé serait, certes, bien fière. De bonne heure les étudiants américains aimèrent à se grouper en clubs et en sociétés pour écrire et parler. Ce n'est que depuis la guerre de Sécession que la passion de l'exercice physique s'est emparée d'eux. Ils menaient jusque-là une existence presque exclusivement cérébrale. Aussi leur « intellectualisme » avait-il atteint, aux approches de 1860, le niveau de celui qui a fleuri de nos jours en France ; il était même plus répandu et plus général. La mode fut alors d'avoir de longs cheveux et de porter les habits des ancêtres. On posait pour l'âme tourmentée. On affectait volontiers la névrose et les maux d'estomac. On avait l'humeur triste et le rêve sombre. Jouer au ballon, boxer ou courir un *cross-country* eût paru un déshonneur. Beaucoup faisaient de mauvais vers, mais la prose causait de pires ravages encore que la poésie, prose vide, filandreuse, toute en phrases et en formules, dont l'opinion s'était éprise et à laquelle la jeunesse s'entraînait avec ardeur. Quatre années d'une lutte gigantesque chassèrent ces miasmes. Quand la nation retrouva le calme et la paix, elle avait appris, comme par une formidable leçon de choses, la valeur de ces « qualités animales » si dédaignées la veille. Elle s'occupa aussitôt de les faire acquérir à ses fils. Ainsi qu'il arrive toujours, l'esprit en profita comme le corps. Les cerveaux s'éclaircirent de tout le sang qui afflua vers les muscles, et les sociétés littéraires et politiques ne perdirent rien au voisinage du gymnase ou de la salle d'armes. A Princeton, Whig hall ne fut pas délaissé au profit du *Banjo club* ou du *Brokaw memorial*.

Le *Banjo club* donne des concerts. Les goûts artistiques se sont développés en même temps que les goûts athlétiques. Beaucoup d'étudiants ont maintenant des pianos; beaucoup aussi dessinent ou font de l'aquarelle. L'autre jour, dans l'acropole d'Athènes, j'en voyais un crayonner qui, la veille, avait gagné une course au stade; il a rapporté, en plus de l'olivier olympique, un album plein de croquis. Quant à la caricature, elle a leurs préférences et leur manière d'illustrer le *Bric à Brac*, l'annuaire drolatique qu'ils publient chaque année, prouve qu'ils y réussissent.

Le *Brokaw memorial* perpétue le souvenir d'un jeune étudiant prématurément enlevé à l'affection de ses camarades. Sa famille a fait les frais de cette construction originale qui renferme une magnifique piscine de natation, des vestiaires, des salles de douches et en face de laquelle s'étend le champ de foot-ball. Princeton n'est pas nautique; elle n'a à sa disposition qu'un modeste ruisseau et ne dispute point à Harvard ou à Cornell le championnat d'aviron; mais elle excelle au foot-ball. Le match qui, chaque année, met aux prises sa redoutable équipe et celle de Yale a pris le caractère d'une fête populaire. Il se joue ordinairement le *Thanksgiving Day* (le dernier jeudi de novembre), au *Berkeley Oval* ou au *Manhattan Field*, à New-York; 40 à 50000 personnes assistent à cette lutte, rendue plus passionnante encore par le caractère savant et quasi stratégique que les Américains ont su donner au jeu de rugby en modifiant certaines règles. Chaque spectateur tient en main un petit drapeau aux plis soyeux, une écharpe ou même un simple mouchoir aux couleurs de « son Université », orange et noir pour Princeton, bleu pour Yale. Les rivalités universitaires sont intenses maintenant aux États-Unis et elles ont un caractère d'hérédité. Le fils va terminer ses études là où le père a achevé les siennes, dût-il, pour cela, franchir d'énormes distances. Il m'est arrivé d'assister, à San Francisco, à un banquet donné par le Harvard club. Plus de soixante hommes de tout âge étaient présents, tous anciens étudiants d'une *alma mater* qui est située aux portes de Boston, à cinq jours de chemin de fer de l'autre côté des montagnes Rocheuses.

Ces rivalités produisent parfois chez les enfants d'amusantes exagérations. Je me trouvais un jour à Princeton, chez mon ami le professeur Sloane, le célèbre historien. Le plus jeune de ses fils, un bambin de sept ans, entendit sa mère expliquer que le capitaine de l'équipe de Yale était son parent; le *Thanksgiving Day* était proche et les pronostics allaient leur train. Le petit garçon ne put en croire ses oreilles; il se fit confirmer le fait, puis tout ému s'écria : « Alors le capitaine de Yale est notre cousin! Quelle honte! (*What a shame!*) » Nos éclats de rire le déconcertèrent un peu et on lui expliqua ce qu'est l'esprit chevaleresque et comment on doit respecter son adversaire — même au foot-ball.

Ces solennités athlétiques et l'intérêt qu'y prennent étudiants et professeurs n'enlèvent rien à Princeton du caractère sérieux qui la distingue. On y travaille

beaucoup. Dans ce grand village dont l'unique rue
n'offre guère de ressources à la jeunesse frivole, il
est impossible de mener la vie de paresse et de dissi-
pation qui fut jadis celle des étudiants d'Oxford
et de Cambridge et que quelques-uns y mènent
encore.

De l'endroit où nous avons interrompu notre promenade, le regard embrasse tout le *campus* : les
façades en granit rose, les rosaces, les toits élancés
de la Faculté des sciences ; — l'École des beaux-arts,
où la brique et la terre cuite se combinent harmonieusement ; — la Bibliothèque en rotonde avec ses
hautes fenêtres à vitraux ; — la chapelle enfin, vaste
temple presbytérien aux voûtes robustes et grandioses.
Princeton a été fondée par l'Église presbytérienne
et une Faculté de théologie s'y trouve encore adjointe.
Inutile de dire que depuis longtemps l'université a
perdu son caractère confessionnel et s'ouvre à tous
les cultes. Au delà du *campus*, disséminés dans les
alentours, sont les jolis cottages des professeurs et
les *Eating clubs*, pensions où les étudiants vont prendre leurs repas. Puis la campagne s'étend, fraîche,
ondulée, très verte. Ce cadre paisible porte à l'étude
et encourage l'effort comme d'autres paysages inci-
tent à l'indolence et au *farniente*.

Les États-Unis donnent facilement aux observa-
teurs superficiels l'impression d'une certaine monotonie dans les paysages comme dans les institutions.

Au premier abord toutes les grandes cités américaines se ressemblent; leurs tramways innombrables, leurs constructions géantes, l'animation de leurs rues, l'abondance et l'excentricité des réclames sollicitent l'attention. Le cadre apparaît toujours identique et aussi la vie sociale. On trouve partout les mêmes clubs, les mêmes journaux, les mêmes sujets de conversation, les même types de politiciens ou de financiers, les mêmes alternatives de richesse et de gêne. C'est pourquoi tant d'écrivains se sont persuadés qu'il suffisait de décrire l'aspect de New-York, la carrière de M. Jay Gould et l'organisation de Tammany Hall, pour donner aux Européens une idée exacte des États-Unis.

Si l'on voulait une preuve que cette uniformité des hommes et des choses n'est qu'une trompeuse apparence, on la trouverait dans les universités. Sans doute, il y aurait, là encore, matière à rapprochements. Les programmes pédagogiques sont plus ou moins semblables et la direction est toujours confiée à un « président », dont le rôle très actif et très personnel diffère autant de celui du chancelier d'Oxford que des attributions d'un recteur français. Mais ce qui constitue une université vraiment digne de ce nom, ce ne sont ni la façade, ni le règlement, ce sont la manière dont le professeur distribue la science et dont l'étudiant la reçoit, l'action réciproque qu'ils exercent l'un sur l'autre et l'atmosphère morale, l'*esprit* qui s'en dégage et anime l'institution tout entière. Voilà ce qui, aux États-Unis, est essentiellement variable, essentiellement instructif par conséquent, au point de vue de l'avenir du pays et de sa mission dans le monde.

Cette diversité cesse d'ailleurs d'être un sujet d'étonnement, si l'on se remémore la manière dont l'enseignement supérieur s'implanta au nouveau monde. En 1636, un peu plus de six ans après leur établissement dans la Nouvelle-Angleterre et alors que leur nombre n'atteignait pas 4000, les puritains, qui l'année précédente avaient créé à Boston une « école latine » et allaient rédiger, six ans plus tard, ce fameux « acte du Massachusetts », dans lequel se trouve en germe toute la législation moderne en matière d'enseignement primaire, les puritains se préoccupaient déjà de fonder une université et, dans ce but, mettaient de côté la somme, considérable pour l'époque, de 400 livres. Peu après, grâce à la générosité de John Harvard, leur vœu se réalisait et Harvard college ouvrait ses portes à la jeunesse. En Virginie, le mouvement qui devait aboutir à la fondation du célèbre collège de William et Mary allait s'accentuant, malgré l'opposition de sir William Berkeley et de ses semblables. Franklin, dès 1743, faisait des efforts pour doter Philadelphie de quelque grande institution du même genre; il aboutit en 1753 à la création de ce qui fut l'embryon de l'université de Pensylvanie. L'année suivante, New-York vit se fonder King's college, qui est devenu la puissante université de Columbia. Dans l'intervalle, les presbytériens avaient fondé Princeton; Yale existait depuis 1717. Quant à Jefferson, les circonstances adverses retardèrent jusqu'au début du présent siècle la réalisation de ses désirs. Or, l'année même où il posait à Charlottesville la première pierre de l'université de Virginie, bien loin, dans ce qui n'était encore que le farouche et désert Far-West, les autorités du Michigan inauguraient l'université d'Ann-Arbor, et, chose étrange, les tribus indiennes, mues par un sentiment de crainte respectueuse envers la science, la dotaient de riches territoires.

On le voit, il était impossible à des établissements d'enseignement d'avoir des origines plus opposées et de recevoir des empreintes plus dissemblables. Ici, l'initiative vint d'un particulier; là, d'une Église; ailleurs, du gouvernement. Tout un monde séparait, moralement, le Massachusetts de la Virginie. Jefferson et Franklin, qui n'envisageaient point l'éducation sous le même angle, ne l'entendaient pas de la même façon. L'unité nationale s'est, il est vrai, consolidée; depuis la guerre de Sécession, elle se parfait chaque jour. Néanmoins, tous ces centres scientifiques ont gardé avec le culte de leur passé le respect des traditions et, si presque tous ont progressé rapidement, leurs progrès ne se sont pas toujours accomplis dans une direction similaire. Rien ne serait plus imprudent que de juger les universités américaines en choisissant comme type deux ou trois d'entre elles et en concluant ensuite du particulier au général. Chacune a son originalité, ses spécialités et veut être étudiée dans son développement historique aussi bien que dans sa prospérité présente. Les dernières venues ne sont pas les moins intéressantes. A travers a seconde moitié de ce siècle, les fondations ont

continué, dans l'Est comme dans l'Ouest. M. Ezra
Cornell a créé, à Ithaca, dans l'État de New-York, la
belle institution qui porte son nom. M. Leland Stanford, accomplissant le vœu d'un fils unique enlevé à
sa tendresse avant d'avoir atteint l'âge d'homme, a
transformé son domaine de Palo-Alto (Californie) en
une université merveilleuse à laquelle il a confié la
tombe de l'enfant dont elle perpétue la mémoire.
M. Rockefeller a semé les millions pour que Chicago,
sa patrie, pût devenir riche de science autant que de
dollars. M. Tulane a légué à l'université de la Nouvelle-Orléans de quoi contribuer au relèvement de
ces États du Sud qui refont si courageusement leur
fortune. Enfin, on a vu une jeune fille, miss Gwendo-
line Caldwell, distraire la plus grosse part de l'héritage paternel pour fonder cette université catholique
de Washington que dirige Mgr Keane, le digne émule
des Gibbons et des Ireland, et un marchand de Baltimore, M. Johns Hopkins, provoquer la formation de
ce grand centre de labeur dont les publications passent
par-dessus nos têtes indifférentes pour aller se faire
apprécier chez nos voisins d'outre-Rhin.

Quoi que l'on puisse penser de la valeur réelle de
tous ces établissements au double point de vue des
acquisitions scientifiques et du rôle national, deux
faits s'imposent, dont les conséquences ne peuvent
manquer d'être considérables. Les universités américaines sont les plus riches du monde et elles prennent
peu à peu un empire absolu sur l'opinion. Un professeur faisait devant moi, il y a deux ans, le compte
des libéralités reçues depuis 1880 par les principales

d'entre elles; il ne s'aidait d'aucun document et, par conséquent, courait risque d'oublier plus d'un donateur. Sa mémoire lui fournit, en quelques instants, un total de 250 millions de francs. Or, cette richesse présente n'est rien à côté de celle qui va s'accumuler d'ici à vingt ans. Les testaments qui seront ouverts pendant cette période porteront les traces de l'attachement passionné que les anciens étudiants d'une université — les *alumni*, comme on les nomme — conservent à leur *alma mater*. Ceci est un sentiment nouveau. On ne fondera plus guère d'universités parce que le besoin ne s'en fait plus autant sentir. Les philanthropes dirigent plutôt leur générosité vers les œuvres charitables. Ceux qui donneront désormais, ce seront les *alumni* et ils donneront à *leur* université, par reconnaissance et par esprit de camaraderie.

L'opinion sait cela et s'en réjouit. La popularité des universités est incroyable; elle se traduit par mille détails qui sont parfois ridicules et souvent touchants. Au Congrès, les députés qui en sont restés au *high school* se donnent une peine infinie pour faire croire qu'ils sont des *college men*. A New-York, à Philadelphie, une réunion n'est point complète si l'on ne peut offrir à ses invités *a party of college students* (collège aux États-Unis est synonyme d'université). Le bas peuple partage ces sentiments; on dirait qu'il pressent la grandeur future de la patrie dans ces agglomérations de jeunes gens dont beaucoup sont des boursiers et resteront pauvres. Car voilà le phénomène, voilà le point de séparation des deux routes entre lesquelles, depuis que le monde est monde,

l'humanité a dû choisir : celle du travail lucratif et
celle du labeur désintéressé; on prend l'une pour
atteindre la fortune et l'autre pour poursuivre la
science. Il était admis jusqu'à ce jour, qu'aucun
Américain ne pouvait hésiter entre ces deux routes;
bien plus, on croyait que dans son nouveau monde
une seule des deux routes était tracée. L'erreur était
générale. Parcourez les universités; arrêtez-vous de
préférence non point dans celles qui sont les plus
riches, les plus nombreuses et situées dans de grandes
villes comme Boston, New-York, Philadelphie, Chicago, mais dans les moins importantes, Amherst,
Madison, Lehigh, ou dans les plus lointaines, Charlottesville, la Nouvelle-Orléans, Ann-Arbor; c'est là
que vous trouverez la race nouvelle : le professeur
que satisfait un modeste traitement parce que la passion d'enseigner suffit à remplir son existence; l'étudiant que n'inquiète point un avenir sans ressources
parce que la passion de savoir gouverne la sienne.
Ceux-là sont la minorité, il est vrai, mais combien
robuste et saine est cette minorité, et combien res-
pectée par le professeur ou l'étudiant riches ! Là
aussi, vous noterez ce trait distinctif qui ouvre sur
l'avenir intellectuel de l'Amérique des perspectives
imprévues et redoutables. La volonté, l'énergie, la
persévérance par lesquelles il parvient à la fortune,
l'Américain est susceptible de les employer aussi au
service désintéressé de la science. Il le fait déjà.

.

Dans ce développement des forces universitaires aux États-Unis, la France avait un beau rôle à jouer; elle ne l'a pas compris, et voilà pourquoi, malgré les liens qui dans le passé ont uni les deux peuples, aucune manifestation francophile ne marquera les fêtes du centenaire de Princeton. On écrira quelque jour l'histoire des relations de la France et des États-Unis; il n'y en a pas de plus illogique. Nous sommes parvenus, par insouciance encore plus que par maladresse, à perdre le bénéfice du sang versé, à effacer le souvenir de l'effort accompli en commun. La guerre que faillirent déchaîner les arrogantes prétentions du Directoire et, plus tard, la fantaisie maladive de Napoléon III eût, certes, été fratricide; mais elle n'eût pas causé plus de dommage que l'indifférence ironique avec laquelle l'opinion a envisagé, chez nous, le progrès moral des Américains. On pouvait prévoir cependant qu'une grande nation comme celle qui se formait au delà de l'Océan ne se contenterait pas longtemps d'un idéal commercial et viserait autre chose que le perfectionnement matériel. On le pouvait d'autant mieux que les citoyens de cette nation avaient marqué, dès l'origine, un noble souci des choses de l'esprit et avaient même devancé l'Europe dans la voie des améliorations pédagogiques.

C'est ce qu'avait si bien compris le chevalier Quesnay de Beaurepaire lorsqu'il tenta, à la fin du siècle dernier, de fonder à Richmond cette « Académie fra

çaise des sciences et des beaux-arts » qui, dans sa
pensée, devait devenir une véritable université franco-
américaine. Ses annexes de Baltimore, de Philadelphie et de New-York lui eussent procuré de nombreux
étudiants; son affiliation aux sociétés royales de Paris,
de Londres et de Bruxelles lui eût donné le moyen de
recruter, en Europe, les meilleurs professeurs. On
sait comment le jeune officier intéressa à ses projets
Franklin, Jefferson, Washington et, en France,
Lavoisier, Condorcet, Malesherbes, Beaumarchais;
comment, le 24 juin 1786, la pose de la première
pierre de l'Académie eut lieu en grande pompe à
Richmond, et comment la Révolution française, sur-
venue sur ces entrefaites, annihila les généreux efforts
du fondateur et trancha le lien qu'il avait si ingénieu-
sement formé entre la vieille France et la jeune Amérique. Depuis lors, chose curieuse, personne n'a
songé à le renouer. La France s'est obstinée à rivaliser
avec les États-Unis sur le terrain économique et commercial; elle ne s'est pas avisée de la possibilité pour
elle d'exporter des idées ni de la supériorité incontes-
table qu'aurait ce genre de produit sur le marché du
nouveau monde. Les universités des États-Unis,
livrées à leurs propres ressources, ont vainement
appelé des professeurs français pour enseigner notre
langue et notre littérature. Aujourd'hui encore, beaucoup de chaires de français sont occupées par des
Allemands et il y a des collèges où on les a suppri-
mées faute d'un titulaire. Qui donc, chez nous, con-
sentirait à aller professer « chez les Yankees »? Ses
collègues chercheraient tout de suite, dans la vie de

celui qui s'y résignerait, la tare, cause de cet exil
volontaire. Je me souviens d'avoir causé une profonde surprise à un représentant distingué de notre
instruction publique, en lui révélant l'existence d'universités américaines. Malgré qu'il eût, peu aupara-
vant, poussé une excursion de vacances jusqu'au pied
des montagnes Rocheuses, il ignorait « ce détail
curieux ». Il ne connaissait qu'Harvard de nom et la
prenait pour un établissement anglais, une sorte de
dépendance d'Oxford et de Cambridge. Au centenaire
de Montpellier, l'éminent président de l'université
Johns Hopkins de Baltimore, le docteur D. C. Gilman,
fut présenté à M. Carnot sous le nom de « M. Johns
Hopkins ». Il eut le bon goût d'en rire, mais, quand
il me raconta l'incident, je ne le trouvai point du
tout plaisant. Ainsi le haut fonctionnaire qui faisait
les présentations n'avait jamais entendu parler de
l'université Johns Hopkins! Il ne connaissait pas ses
importants périodiques!

Ces choses regrettables ont, là-bas, leur contre-
partie. La France évacue les États-Unis et depuis une
dizaine d'années l'évacuation s'est beaucoup accé-
lérée. A mesure que les inventions et les découvertes
ont facilité les relations matérielles, les rapports
d'amitié sont devenus moins fréquents. Plus on a
d'occasions de se visiter, moins on s'étudie; plus on
est à même de se connaître, moins on se comprend.
Au temps de Tocqueville, l'Atlantique semblait moins
large et moins profond. L'établissement de la République en France n'a provoqué qu'un rapprochement
de pure forme. Les ambassadeurs, dans les cérémo-

nies officielles, prennent pour thème de leurs discours
le mot de « Républiques sœurs ». C'est un mot vide de
sens : il ne correspond à aucune réalité. Notre régime
politique paraît incompréhensible aux Américains;
ils saisissent beaucoup mieux l'organisation alle-
mande et l'évolution japonaise leur semble plus
logique que la nôtre. Les violences de nos députés,
les « révélations » de notre presse à scandales, la per-
version de nos romanciers, les bizarreries maladives
de certains de nos artistes, voilà ce qu'ils savent de
la France moderne. C'est notre faute, il est vrai. Mais
il existe une autre France, patiente, laborieuse, hon-
nête et énergique dont ils ne savent rien parce que
celle-là s'est toujours tenue loin d'eux.

Que de fois en ouvrant l'*Inter Ocean* de Chicago,
ou le *San Francisco Examiner*, et surtout ces journaux locaux qui reproduisent en les amplifiant les
élucubrations de leurs grands confrères, j'ai relevé
sur mon pays des informations où je croyais sentir la
malveillance de l'ennemi le plus acharné! Les hommes
qui publiaient ces choses, il m'arrivait ensuite de les
rencontrer et parfois de les trouver sympathiques à
la France. Mais la notion de la *décadence française*
était enracinée chez eux, d'une manière qui faussait
leur jugement et leur faisait interpréter de travers
toutes les nouvelles reçues d'Europe. Cette notion a
pénétré le monde universitaire; la langue française a
reculé et la science française a perdu son prestige.
Les historiens eux-mêmes ont été amenés à diminuer dans le passé l'action de la France. Bancroft
avait inauguré ces ingratitudes historiques. Le pro-

fesseur Mac Master a dépassé son maître : il a trouvé
le moyen de raconter l'indépendance des États-Unis
sans prononcer le nom de La Fayette!

Que peut-on en présence de ces faits? Est-il trop
tard pour rétablir la tradition d'amitié? Ce que n'a
pu faire la belle statue symbolique de Bartholdi, y
a-t-il un moyen plus modeste, mais plus effectif d'y
parvenir? Oui, par les universités. C'est sur cette jeunesse sans préjugés et sans idées préconçues qu'il
faut agir en la mettant à même « d'apprendre la
France moderne », qu'elle ignore si complètement. Il
faut écrire pour elle, aller lui parler, placer sous sa
main les livres qui nous honorent au lieu de ceux qui
nous déshonorent. Mais, avant d'en arriver là, il faut
convaincre la France elle-même que l'Amérique est
digne d'un tel effort.

Le débat public sur un sujet emprunté à la littérature et plus volontiers à la politique est fort en
honneur dans les universités transatlantiques. J'ai
donc songé à fonder des prix pour des débats annuels
sur la politique française contemporaine. J'en ai fondé
trois qui sont disputés depuis deux ans non sans
succès, l'un à Princeton, l'autre en Louisiane et le
troisième en Californie. La Nouvelle-Orléans et San
Francisco sont des centres de culture française; on
y lit plus volontiers nos auteurs, on y parle notre
langue. Nos artistes dramatiques vont s'y consoler
de l'accueil qu'ils reçoivent ailleurs et qui ne répond
pas toujours à leur attente. Pour ces concours, les
étudiants choisissent eux-mêmes le sujet de discussion dans les limites indiquées par le règlement; ce

sont, bien entendu, des sujets d'ensemble : La Répu
blique a-t-elle, en France, les caractères d'un gouvernement définitif? — La Constitution de 1875 répond-
elle aux besoins du moment? — Le pays gagnerait-il
à pouvoir élire directement son chef?... etc.

J'ai reçu, il y a peu de temps, le compte rendu du
dernier débat californien; une douzaine d'étudiants
y ont pris part et l'assistance, très nombreuse et
choisie, a vivement applaudi leurs talents naissants.
Et l'un d'eux a prononcé un discours qui peut se
résumer ainsi : « La France est en décadence, cela
est certain. Sa littérature, ses mœurs privées et
publiques le prouvent surabondamment. Mais, depuis
un siècle, il ne lui était pas arrivé d'atteindre la sta-
bilité politique, ni d'avoir à sa disposition tant de
forces militaires et financières. La République, en
outre, lui a refait un empire colonial et a réorganisé
toute l'instruction publique. Il y a là une contradic-
tion qui nous demeure incompréhensible à nous autres
Américains; il importe que nous en fassions un examen approfondi, afin d'arriver à l'explication d'un si
étrange phénomène. » Cet « examen approfondi » nous
ne le redoutons pas. C'est le but de mes efforts et je
serai reconnaissant à tous ceux qui voudront s'y asso-
cier. L'entreprise est modeste, à côté de celle du chevalier Quesnay de Beaurepaire. Mais c'est par de petits
moyens, à la longue et discrètement, que la pensée
française pourra s'infiltrer de nouveau dans le sol du
nouveau monde et y faire germer la moisson manquée.

LES SPORTS DE GLACE

Les plaisirs d'hiver s'offrent à la jeunesse du Canada et des États-Unis du Nord sous quatre formes différentes : le patinage, le *tobogganing*, le *ice yachting* et les courses en *snow shoes*.

Le *toboggan* était un traîneau dont se servaient les Indiens ; ils entassaient dessus le produit de leur chasse et le tiraient après eux. Il était fait de deux morceaux de bois longs et plats solidement juxtaposés, maintenus par des traverses et recourbés à leur extrémité. Les visages pâles n'ont fait qu'améliorer l'appareil en changeant sa destination. Ils ont donné des soins tout particuliers à sa construction, l'ont revêtu de coussins confortables, y ont ajouté de chaque côté des cordes pour se tenir. Après quoi ils s'y sont installés et ont débouliné le long du mont Royal. Le mont Royal qui domine la ville de Montréal était fait pour servir de berceau à un pareil sport. Ses pentes abruptes s'y prêtent à merveille.

Elles se prêtent également aux collisions et à des
accidents de tout genre, en sorte qu'on a pris le parti
de corriger artificiellement les rudesses de la nature,
en élevant des constructions de bois dont les courbes
sont plus rassurantes sans cesser d'être audacieuses.
Ce sont des pistes glacées qui se raccordent à la montagne et sur lesquelles le toboggan descend avec une
vitesse vertigineuse dont les « montagnes russes » du
boulevard ne sauraient donner le plus léger avant-
goût. Les amateurs y ont gagné sous beaucoup de
rapports : autrefois il fallait être aux ordres de la lune
qui éclairait gratuitement, mais irrégulièrement, et
de la température qui ne préparait pas toujours la
piste aussi bien qu'il eût fallu. Maintenant, des clubs
se sont fondés; la lumière électrique brille partout :
on égalise savamment la surface des pistes et en
débarquant, vous trouvez dans un joli chalet bien
chauffé, du thé et tous les grogs imaginables. Par
contre, le danger a diminué. C'était un furieux plaisir
de descendre jadis dans *Fletcher Field*, secoué, bal-
lotté par les accidents de terrains, courant, entre
autres risques, celui d'arriver en plusieurs morceaux.

Les principaux clubs de Montréal sont ceux du
Parc, de la Tuque bleue, de Lansdowne, du Trappeur,
du Pastime, de la Côte Saint-Antoine. La piste du
Parc est l'une des plus grandioses; à gauche elle
domine Montréal dont les coupoles et les clochers se
détachent sur le Saint-Laurent transformé en une ban-
quise immense. A droite les vallonnements, les prés,
les bois qui forment le couronnement du mont Royal
étincellent sous le manteau de givre qui les recouvre.

Il fait 30° Fahrenheit au-dessous de zéro. Par les petits escaliers de bois, les dames enveloppées de chaudes fourrures montent rapidement, s'arrêtant aux paliers pour écouter le bruit des toboggans glissant au-dessus de leurs têtes. Les voici au sommet, entourées de jeunes gens qui se disputent l'honneur de les conduire. Chacun fait l'éloge de son traîneau : que ce soit un « Larivière », un « Star », un « Paton », un « Blizzard », ces différentes marques de fabrique font sans doute moins d'impression sur les voyageuses que l'adresse du conducteur. Car ce n'est pas tout de se laisser aller : il faut conduire la machine. Il y a des toboggans tout étroits, tout petits où l'on peut à grand'peine offrir l'hospitalité à un camarade pas trop gros : la plupart sont à deux places, toujours étroits, mais plus longs [1]. Voyez-les partir : une dame est installée en avant, les pieds appuyés sur la courbure du toboggan : elle se tient aux cordes, de chaque côté, et vous allez l'entendre, tout à l'heure, pousser de petits cris d'effroi qui se changeront à l'arrivée en un joyeux éclat de rire. L'arrivée, c'est là-bas, à trois quarts de mille où sont les lumières. Le jeune homme, lui, s'étend sur la partie arrière du traîneau appuyé sur un bras : il gouvernera avec le pied, très légèrement, car dans ce tourbillon le contact avec la glace causerait, en se prolongeant, des dommages. Ils sont partis!... Ils ont une sensation de précipice, de chute indéfinie : le vent leur coupe la

1. Le toboggan ordinaire a 60 centimètres de large sur 2 ou 3 mètres de long.

respiration et il y a comme des éclairs tout autour
d'eux. Mais en moins de temps qu'il ne faut pour le
dire, la distance est dévorée et ils se dépêchent de
descendre pour laisser arriver ceux qui les suivent.
Et c'est alors que, rétrospectivement, ce voyage
étrange captive et charme comme un parfum qui met-
trait quelque temps à se répandre dans une chambre.
Tout enfiévré par le développement des sensations
puissantes que la course a emmagasinées en vous,
vous ne désirez plus qu'une chose : recommencer,
recommencer encore et toujours ! Tel n'est pas,
cependant, l'avis de tout le monde. Un Alabamien
s'écria, dit-on, lors de sa première et unique expé-
rience : « Je ne voudrais pas pour 100 dollars n'être
pas monté là dedans, mais, pour 1 000 dollars, je n'y
remonterais pas. » Quelque incroyable que cela
puisse paraître, il n'est pas très rare de voir des
jeunes gens debout sur leur toboggan, les pieds
appuyés contre les rebords latéraux, tenant d'une
main une corde attachée à la partie antérieure de
l'appareil et étendant l'autre bras pour s'en servir
comme d'un balancier. Dans cette posture de triom-
phateurs, ils accomplissent le terrifiant parcours non
sans danger, mais avec quel plaisir ! on le devine
aisément.

A la Tuque bleue se produisit, il y a quelques
années, une aventure mémorable dont on ne put s'em-
pêcher de rire malgré l'accident sérieux qui faillit
en résulter. La piste se termine par un arc de cercle,
incliné à l'intérieur et longeant un fossé qui marque
l'extrémité du terrain appartenant au club. Les

membres de la Tuque bleue possédaient alors un grand toboggan qu'ils appelaient *Baby* et dont ils étaient très fiers. *Baby* jouissait d'une grande popularité et pouvait porter tout un groupe de sportsmen. Ils étaient sept, ce soir-là, qui y prirent place et *Baby* partit à fond de train. Fut-ce caprice de sa part, ou inhabileté du « barreur », toujours est-il qu'arrivé à la courbe, le toboggan se refusa à la suivre, sauta l'énorme muraille de neige qui se trouvait là et tomba lourdement dans une rue en contre-bas où, par bonheur, personne ne passait. L'équipage fut peu endommagé, mais *Baby* expira séance tenante.

*
* *

Le voyageur qui, au plus fort de l'hiver, longe en chemin de fer les rives grandioses de l'Hudson, aperçoit de blancs triangles se déplaçant avec une extrême rapidité sur la surface congelée du fleuve. Ce sont des *ice yachts*. Quand ils commencèrent, voilà déjà longtemps, à sillonner ces parages, il arrivait souvent que les trains du *Central Hudson Railway*, en débouchant de quelque tunnel, les trouvaient rangés d'un air de défi : malgré les ordres formels de la Compagnie, nul mécanicien ne résistait à cette muette invitation à la course. La locomotive lancée à fond de train dévorait l'espace : les voyageurs debout sur les plates-formes ou passant la tête par les glaces, l'encourageaient de leurs plus énergiques acclamations. Des paris formidables s'engageaient... et, malgré tout, les *ice yachts* disparaissaient au loin, laissant la

vapeur vaincue et humiliée. Cela se renouvela si fré-
quemment que les mécaniciens n'acceptèrent plus
la lutte et n'essayèrent plus de contester, à ce singu-
lier moyen de transport, sa vitesse sans égale.

Le *ice yacht* mériterait tout aussi justement le nom
de « patin à voile ». Il est formé de deux traverses de
bois posées en croix : aux extrémités de la pièce trans-
versale, deux lames de métal mordent la glace : à
l'extrémité postérieure de l'autre pièce, une troisième
lame, qui s'incline à volonté, sert de gouvernail. Près
de l'intersection des deux pièces s'élève le mât portant la voilure très tendue. Les passagers n'ont pas
la place de se promener. Ils s'arriment de leur mieux
au mât, et, sous l'impulsion du vent, l'*ice yacht* se
met en mouvement. Les patins crient, les cordages
grincent : une fine poussière neigeuse s'élève autour
du yacht dont la marche s'accélère jusqu'à devenir
une course folle, invraisemblable : il exécute bientôt
des zigzags coupés de bonds fantastiques. Les hommes
qui le montent ont pris soin, sous les vêtements qui les
transforment en pelotes de laine, de se couvrir de
soie ou de peau de chamois : sans cette précaution le
froid, quintuplé par la vitesse, les terrasserait. La
sensation est cuisante et non éphémère comme dans
le tobogganing. Cela dure des heures, cette promenade sur la plaine glacée. On prend le vent, on court
des bordées, on vire comme en pleine mer. Il faut faire
son possible pour maintenir le yacht en contact avec
la glace : car lorsque le vent le soulève, il ôte par là
même à ceux qui le conduisent toute action sur le
gouvernail. C'est un sport bizarre, plein d'émotions;

moins dangereux peut-être qu'on ne le croirait au premier abord, effrayant néanmoins et pouvant se terminer par une catastrophe soudaine. Mais à quoi bon chercher des mots pour le décrire? Le yacht qui va plus vite que la vapeur, va aussi plus vite que la pensée; l'on en est encore à chercher des termes de comparaison, des expressions sincères et imagées que son gréement ressemble, tout là-bas, à une mouette posée sur l'horizon.

* *

Le *snow shoe*, mot à mot : soulier de neige, est une vaste raquette de forme oblongue; au centre, le pied chaussé d'un mocassin se fixe par des courroies. Ces raquettes empêchent d'enfoncer dans la neige et permettent à ceux qui savent s'en servir habilement des allures très rapides. Le balancement rendu obligatoire par la largeur de la raquette avec laquelle les maladroits s'accrochent à chaque instant, rappelle celui du patineur; mais il est plus lourd et les mouvements sont moins gracieux. Les amateurs de *snow-shoeing*, groupés en associations diverses, rivalisent de hardiesse et d'imagination dans l'organisation de fêtes de nuits ou de lointaines expéditions : retraites aux flambeaux, escalades, steeple-chases, que n'inventent-ils pas! Ils aiment s'aventurer au loin, dans la campagne, par monts et par vaux, pour la seule satisfaction d'errer, en vrais chevaliers de la neige, dans les solitudes blanches. Ou bien, poursuivant quelque gibier, ils prennent pour compagnon un de ces Indiens du Canada demi-civilisés, qui ont renoncé à la guerre, baragouinent un peu d'anglais ou de français, vivent tranquilles dans leurs villages et du passé n'ont gardé que la passion des grandes chasses et des nuits dans les bois.

Associés comme jadis, aux temps héroïques, l'homme blanc et l'homme rouge s'enfoncent dans la forêt. Emmitouflés chaudement, leur visage seul reçoit le contact de l'air. Ils portent le fusil sur l'épaule et sur le dos tout ce que nécessite le campement. Ils aiment le craquement de leurs *snow shoes* sur la neige qui s'envole autour d'eux en écume argentée : ils aiment le craquement des branches d'arbres répercutés par les échos de cristal; ils aiment ces splendeurs hivernales qui les consolent des fatigues volontaires, ces mauvais repas autour d'un grand feu et ces nuits étranges sur le sol hâtivement déblayé et, quand une tourmente les surprend, que la brise chasse de tous côtés les flocons épais, je crois, ma parole! que la joie d'être là et de défier les éléments les empêche de sentir la morsure du froid.

Et puis, le cariboo finit par se montrer. La silhouette élégante de l'animal se détache enfin sur la colline. Il renifle, il écoute, les jarrets tendus.... La brise lui a donné quelque avertissement et il flaire le danger. Soudain il bondit en avant et s'enfuit d'un galop allongé, gracieux. Si le chasseur a la main ferme et le regard impassible, le cariboo tombera et la neige autour de lui se teindra de rouge....

La journée a été bonne, le carnet de chasse s'est enrichi de nouveaux exploits : l'homme regarde gai-

ment le soleil boréal qui va s'éteindre. Et ce pays de
la mort blanche s'éclaire peu à peu de lueurs fauves
qui s'allongent sur le sol. On dirait des flammes
tombées du ciel et immobilisées là dans la congéla-
tion des choses. Le campement est établi ce soir
auprès d'une large rivière dont les eaux se précipitent
sur un chaos de roches amoncelées; une carapace
glacée recouvre la chute et le long des falaises qui
l'enserrent descendent de minces stalactites trans-
parentes,... et le chasseur s'endort en songeant à ses
amis de Montréal qui vont, tout à l'heure, aller
danser sur le Victoria Rink la valse des patineurs.

*
* *

Le Victoria est une immense patinoire qu'entoure
une galerie circulaire sur laquelle donnent les salons,
les vestiaires, le buffet : tout cela est éclairé à l'élec-
tricité; les verres de couleur et les lanternes multicolores dessinent l'architecture des portiques de bois
découpé; des flammes de Bengale brillent à travers
les blocs de glace; dans les angles il y a des massifs
sombres de sapins et l'orchestre rythme les danses
avec un entrain endiablé.

*
* *

En Floride, sous les palmiers, on danse aussi
joyeusement; la brise parfumée caresse les murailles
de marbre de l'hôtel Alcazar. Sur la côte de Californie, où sont les jardins élyséens de l'hôtel Del

Monte, on joue au tennis dans des clairières fleuries
les balles effleurent les roses et provoquent des
pluies de pétales odorantes; le chèvrefeuille grise les
joueurs et de grandes branches de jasmin de Virginie
trouent la verdure çà et là comme pour mieux voir
le jeu.... Mais les enfants du Nord n'envient point
leurs cousins : ils aiment mieux goûter, au prix des
rigueurs de l'hiver, la vivifiante et mâle ardeur des
sports de glace.

LA MISSION DES VA-NU-PIEDS

Une rue de New-York, située entre les quartiers
élégants qui précèdent et entourent *Central Park* et
les quartiers affairés du *Down Town*, ce « bas de la
ville » où s'agglomèrent les entreprises audacieuses
d'industrie ou de finance. Elles sont paisibles, ces
rues ; c'est à peine si l'on y perçoit le vacarme lointain du chemin de fer aérien qui circule le long des
avenues. Elles sont toutes semblables ; on les a numé-
rotées pour s'y reconnaître. Elles ont un cachet particulier d'Angleterre coloniale. Les maisons solides,
mais inélégantes, qui y alignent leurs monotones
façades à trois fenêtres et leurs portes sombres à un
battant, auxquelles donnent accès des perrons de
pierre grise, ont été les demeures enviées des premiers
enrichis ; ceux qui les élevèrent avaient connu l'âpre
bataille du début et réalisé, en les élevant, une ambition longtemps caressée. Les gens simplement « à leur
aise » y résident aujourd'hui, mêlés aux aristocrates

qui se font gloire d'habiter de vieux murs, et à des
œuvres de charité dont les bureaux s'accommodent
du silence discret qui distingue ces lieux.

C'est là que le petit Tello d'Apéry a installé sa mission des va-nu-pieds et les bureaux de son journal.
Qu'il me pardonne de lui attribuer ce qualificatif
retardataire : Tello d'Apéry est maintenant un jeune
homme de dix-sept ans, qui a déjà beaucoup de déco-
rations européennes sur la poitrine et dans son court
passé plus de bonnes actions qu'il n'en faudrait pour
faire entrer au paradis vingt vieilles dévotes. Mais de
tous les portraits qu'on a faits de lui, j'en préfère un
qui le représente à l'âge de douze ans, vêtu d'une
blouse à plis en drap chiné, avec son grand col blanc
et son air décidé d'écolier américain; et j'ai peine à
séparer sa physionomie d'alors de l'entreprise à
laquelle il a attaché son nom.

D'entreprise à proprement parler, il n'y en eut
point; comme beaucoup d'enfants qui ont bon cœur
et pour lesquels l'économie politique demeurera toujours une science sinistrement facétieuse, Tello souffrait de voir d'autres enfants courir, pieds nus, pâlis
par la faim et le froid, les rues neigeuses de sa ville
natale. Les privations de chaque jour inscrites sur
leurs traits fatigués éveillaient en lui un douloureux
écho, et, lorsque leurs pauvres regards de détresse
croisaient le sien, sa douleur devenait cuisante. Il lui
arrivait de se détourner de sa route, quand il sortait
seul comme le font beaucoup de petits Américains,
afin de mieux éviter les carrefours où il sentait que
le spectacle redouté l'attendait. Un jour enfin, n'y

tenant plus, il ramena chez lui deux petits men-
diants tout déguenillés dont les pieds saignaient et
pour lesquels il trouva une paire de chaussures et
quelques vieux vêtements.... On ne dit pas comment
ses parents envisagèrent cette visite inattendue, mais
il ne vint pas à Tello l'idée de recourir à eux.

C'est ici que l'histoire devient intéressante pour
nous autres du vieux monde. Nous aimons bien noter
dans le cœur de nos petits la naissance des instincts
charitables, quitte à leur expliquer qu'ils vont trop
loin lorsque, comme le « Jack » de Daudet, ils intro-
duisent dans la salle à manger un pauvre colporteur
hâve et défait, et lui découpent une tranche appétis-
sante du jambon paternel! Nous leur enseignons
même à faire une part pour les pauvres dans les éco-
nomies qu'ils peuvent réaliser, et à se séparer sans
trop de larmes des joujoux cassés susceptibles de
faire sourire encore les petits visages sans joie.
Mais j'aperçois d'ici l'effarement de madame et les
sombres préoccupations de monsieur s'ils voyaient
leur fils employer les loisirs de sa vie scolaire à mettre
sur pied toute une organisation sociale destinée à lui
procurer les ressources pécuniaires indispensables à
la réalisation de ses vues philanthropiques.

Tello d'Apéry n'était pas très robuste; sa première
enfance ayant été entourée de soins, il avait appris
une foule de choses qu'ignorent les diablotins que le
plein air et les jeux violents peuvent seuls satisfaire et
que met en fuite la perspective d'un amusement tranquille, sur une table, dans un appartement clos. Il
savait notamment faire des fleurs en papier et d'autres

petits ouvrages de fantaisie, tels que les fillettes se plaisent à en confectionner chez nous. A huit ans, un Américain délaisse volontiers de pareilles récréations, même s'il lui est interdit de participer aux plaisirs virils de ses camarades. Mais Tello reprit ses fleurs et ses pinceaux et se mit à vendre, parmi ses amis et connaissances, tout ce qui s'échappait de ses doigts.

Cela ne valait pas grand'chose, et le nombre des va-nu-pieds qui avaient appris le chemin de sa demeure augmentait rapidement. Il réquisitionnait à l'école les vieux souliers des autres garçons; mais tout cela était insuffisant! Il avait aussi, dès 1885, organisé un arbre de Noël pour ses protégés. Cette année-là, il y avait eu assez de chaussures, de gâteaux et de fruits pour faire les délices d'une vingtaine d'entre eux!

Vous autres, qui ne voyez l'Amérique que dans une fuite rapide, par les glaces d'un Pulmann-car ou bien à travers les impressions hâtivement récoltées par un touriste à la plume facile, vous n'imaginez pas ce que sont, à l'époque de Noël ou bien au *Thanksgiving Day*, ces cités américaines qu'on vous dépeint desséchées et endurcies dans le culte du veau d'or. Partout des charités, de ces charités « de luxe » qui sont si ingénieuses et que vous jugez dangereuses parce que vous avez gardé, du vieux temps féodal, ce préjugé que les pauvres sont faits d'un autre bois que vous-même.

Les Américains ne pensent pas qu'un jour de fête soit de trop dans une vie de misère, ni qu'on risque de gâter un enfant en lui donnant un joujou neuf ou des friandises inutiles. Vous partez de ce point de

vue que la flamme de Bengale rend plus obscure
l'obscurité qui lui succède; ils croient, eux, que le
souvenir de sa splendeur évanouie aide à supporter
les ténèbres. Ce sont deux conceptions de la charité
absolument opposées l'une à l'autre.

Aux approches de Noël donc, les New-Yorkais se
groupent pour préparer les *Christmas Trees*. On les
surcharge de lumières, de fleurs, d'objets; et on
réunit tous ces enfants abandonnés, auxquels New-
York apprend les duretés de l'existence et qui s'exercent de mille manières à trouver leur pain dans les
fentes de sa richesse; ils sont des centaines et des
centaines qui vendent les journaux, matin et soir,
sautant dans les tramways en marche, se faufilant
partout et voyant peu à peu diminuer l'énorme masse
de papier tout frais imprimé dont on a surchargé
leurs faibles bras; ils sont aussi des centaines qui
cirent les souliers, tout du long du jour, armés d'une
brosse, d'un pot de cirage et d'un escabeau, et des
centaines encore qui vont au vent, l'œil éveillé, guet-
tant un métier imprévu, un hasard favorable....
Curieux types, ces gamins de New-York en qui l'on
retrouve cette vivacité et cette ingéniosité à « se
débrouiller » qui distinguent le gamin de Paris, avec,
à côté, quelque chose de posé, de *suivi*, de moins gai
aussi et de moins drôle. Ils n'aiment guère à mendier
et regardent avec un plaisir un peu fier les sous qu'on
leur met dans la main; quelquefois un de plus que le
compte, parce qu'ils sont populaires et qu'ils ne
rechignent pas au travail.

Mais, pour vendre les journaux ou faire des com-

missions, se rendre utile d'une manière quelconque,
il faut avoir des souliers aux pieds; ceux qui n'en ont
pas sont condamnés à l'ornière sans fin, et c'est pourquoi, avec l'esprit pratique du nouveau monde, Tello
d'Apéry avait tout de suite donné cette forme à ses
ambitions charitables : la paire de souliers, la paire de
souliers qui permet les longues marches et constitue
pour l'être humain le premier échelon de la *respecta-
bility*.

Le commerce des fleurs en papier et des petits
ouvrages de dames, décidément, ne fournissait que
des ressources insignifiantes. Tello pensa à un journal
qui contiendrait des histoires d'enfants, écrites par
des enfants, et créerait un lien entre tous les petits
riches pour venir en aide à tous les petits pauvres. Il
en parla à ses parents et leur demanda leur agrément.
La permission fut donnée à deux conditions : la première, c'est que l'essai durerait au moins une année,
et la seconde, c'est qu'aucune subvention ne serait
fournie par les parents. C'était à Tello à faire réussir
son journal, quitte à l'abandonner, au bout d'un an,
« s'il ne payait pas ». — Affaire conclue! L'enfant de
douze ans se mit à la besogne; il parla à ses camarades de classe, sollicita des annonces, des abonne-
ments, des dons. — Le premier numéro parut en
avril 1889; on le tira à mille exemplaires; l'impression, le papier et les frais de poste payés, il resta un
profit net de 6 dollars 25 (31 fr. 25). « Il s'agit, disait
l'*editorial*, de réunir de l'argent pour fonder une mission de va-nu-pieds à New-York, où les enfants abandonnés puissent à toute heure obtenir des bas et des

souliers, sans démarche à faire, ni preuve à fournir, ni temps perdu. »

Le succès fut grand, mais toujours montait la marée des va-nu-pieds. Impossible de se faire connaître avec un journal si modeste, de huit pages par mois et un tirage si faible.... Il fallait, de toute nécessité, atteindre le grand public. Tello en parla à son conseiller habituel, M. Edward-H. House, l'écrivain bien connu. L'entretien avait lieu devant un ami de M. House qui était banquier et fut prodigieusement intéressé par ce qu'il entendit ce jour-là :

« Combien, dit-il à Tello, vous faudrait-il d'argent pour agrandir le journal et lui mettre une couverture en papier de couleur?

— Au moins 100 dollars (500 francs), répondit Tello.

— Eh bien, dit le banquier, qui signa un chèque, les voici; si vous faites des bénéfices, vous me les rendrez à vos convenances; sinon, ne vous en inquiétez plus. »

Tello a rendu les 500 francs; il ne les a pas pris sur ses bénéfices; il les a regagnés à part en écrivant des articles pour quelques grands journaux qui commençaient à parler de lui à leurs lecteurs; le sien, pendant ce temps, a prospéré; il lui a donné un titre poétique : The Sunny Hour (l'Heure ensoleillée). On en passe une en le lisant, car chaque page dit l'immense et généreux effort du petit fondateur : son naïf appel à toutes les souveraines d'Europe, qui, presque toutes, figurent sur sa liste de patronage, sa constance et sa persévérance devant les difficultés et les déboires, son pénible apprentissage du métier d'éditeur, et, au travers de ses études scientifiques qui ne paraissent pas en avoir souffert, les soirées passées à répondre à des lettres ou à corriger des épreuves.

La plume de Tello parle une jolie langue, simple et légère, et c'est en ces termes qu'il a apprécié, une fois, ce que lui-même doit à son journal : « Vous ne sauriez croire combien cela aide à l'éducation d'un garçon, d'avoir ainsi un petit journal à conduire et combien cela lui fait toucher du doigt l'utilité pratique de ce qu'on lui enseigne. Si j'ai bien réussi avec le *Sunny Hour*, cela tient d'abord à ce que, travaillant pour les autres, j'y apportais plus d'ardeur et de dévouement, et ensuite à ce que je n'ai jamais perdu de vue la nécessité d'une bonne réclame pour « pousser le journal » et celle de bonnes finances pour le soutenir. Je ne dépense jamais un sou de plus qu'il n'est nécessaire et que je ne puis en dépenser. Tout garçon ou fille de mon âge aurait réussi de même par ces moyens. »

Ne trouvez-vous pas ces lignes délicieusement fraîches? Quelle leçon donnée aux éducateurs du vieux monde qui persistent, les ciseaux de la routine à la main, à tailler les caractères en charmilles, avec des allées bien droites, des arches bien régulières et des angles bien nets! Ceci est du Jean-Jacques Rousseau, mais du Jean-Jacques Rousseau mis au point, dépouillé de toute prétention, de tout enfantillage, dépouillé de tout ce qui fausse et déforme le sens de la nature et du vrai si profondément marqué dans l'*Émile.* Vous me direz qu'il s'agit d'un phénomène,

que ce Tello d'Apéry est un être aussi admirable qu'il
est exceptionnel et qu'on ne peut raisonner sur son
cas sans s'égarer. Eh bien! cela est faux. Il y a chez
lui assurément une intelligence d'élite et un dévouement rare à ses semblables; mais, moins en vue,
moins complets, moins aptes à entreprendre et à
réussir, il y en a beaucoup sur la terre d'Amérique
qui ont fait des choses analogues, à l'âge où nos
enfants finissent de jouer au cerceau et commencent
à se regarder dans un miroir. Celui-ci n'est pas une
exception, c'est un perfectionnement. Et n'allez pas
croire qu'ils cessent, pour cela, d'être enfants, qu'ils
se prennent au grand sérieux et font les petits
hommes. Ils sont moins savants, mais ils ont le sens
de la vie; en Europe, à vingt ans, on ne l'a jamais, et
à cinquante ans, on ne l'a pas toujours.

J'en reviens à cette mission des va-nu-pieds qui
a poussé des rejetons à Montréal, à Londres, à
Bruxelles. Je voudrais vous dire son budget. Entre
avril 1889 et avril 1894, elle a reçu 11 136 paires de
chaussures et 5 216 dollars (26 080 francs). Elle a
dépensé en charités de tout genre 4 400 dollars
(22 000 francs); pour ses arbres de Noël, 2 000 dollars (10 000 francs); pour son loyer, 2 344 dollars
(11 720 francs) et pour son entretien 300 dollars
(1 500 francs). Les frais d'installation se sont élevés
à 740 dollars (3 700 francs). Le déficit a été de
22 930 francs; les bénéfices du *Sunny Hour* y ont
pourvu; ils ont été assez considérables pour le couvrir entièrement.

7

La mission comprend une bibliothèque-salle de lecture et une grande salle de jeu. Les livres et le mobilier ont été donnés par M. et Mrs G.-S. Miller en souvenir de leur fils William. Il y a des tapis, des collections de gravures, de grandes tables, toute sorte de jeux et d'amusements. Les salles sont ouvertes trois soirs par semaine pour les garçons et le samedi après-midi pour les filles. Tout cela est décoré avec ce luxe tranquille et soigné auquel les pauvres sont sensibles, parce qu'ils sentent ainsi diminuer la distance morale qui triple si douloureusement l'écart matériel entre eux et les heureux de ce monde.

Tello maintenant se cherche des imitateurs; il a jeté les bases d'une association à laquelle ont adhéré déjà plusieurs milliers d'enfants; les membres s'engagent à consacrer une heure par semaine à un travail quelconque susceptible d'être utilisé pour le bien d'autrui. J'imagine qu'il y a du « déchet » dans les produits. Mais que de bonnes volontés mises en mouvement! Que de bons instincts stimulés! Comme c'est naïf et génial!

Et tout cela vient des États-Unis, de cette République calomniée que l'on prend pour une nation de trafiquants et de coureurs de dollars, sans songer que déjà elle a donné au monde un héros comme Washington et des soldats comme Lee et Sherman, sans s'aviser que sur son sol fécond de très grandes idées se développent qui bousculeront étrangement l'économie branlante du vieux monde....

LA PRÉFACE DES JEUX OLYMPIQUES

NOTES ATHÉNIENNES

LETTRES OLYMPIQUES

KERKYRA

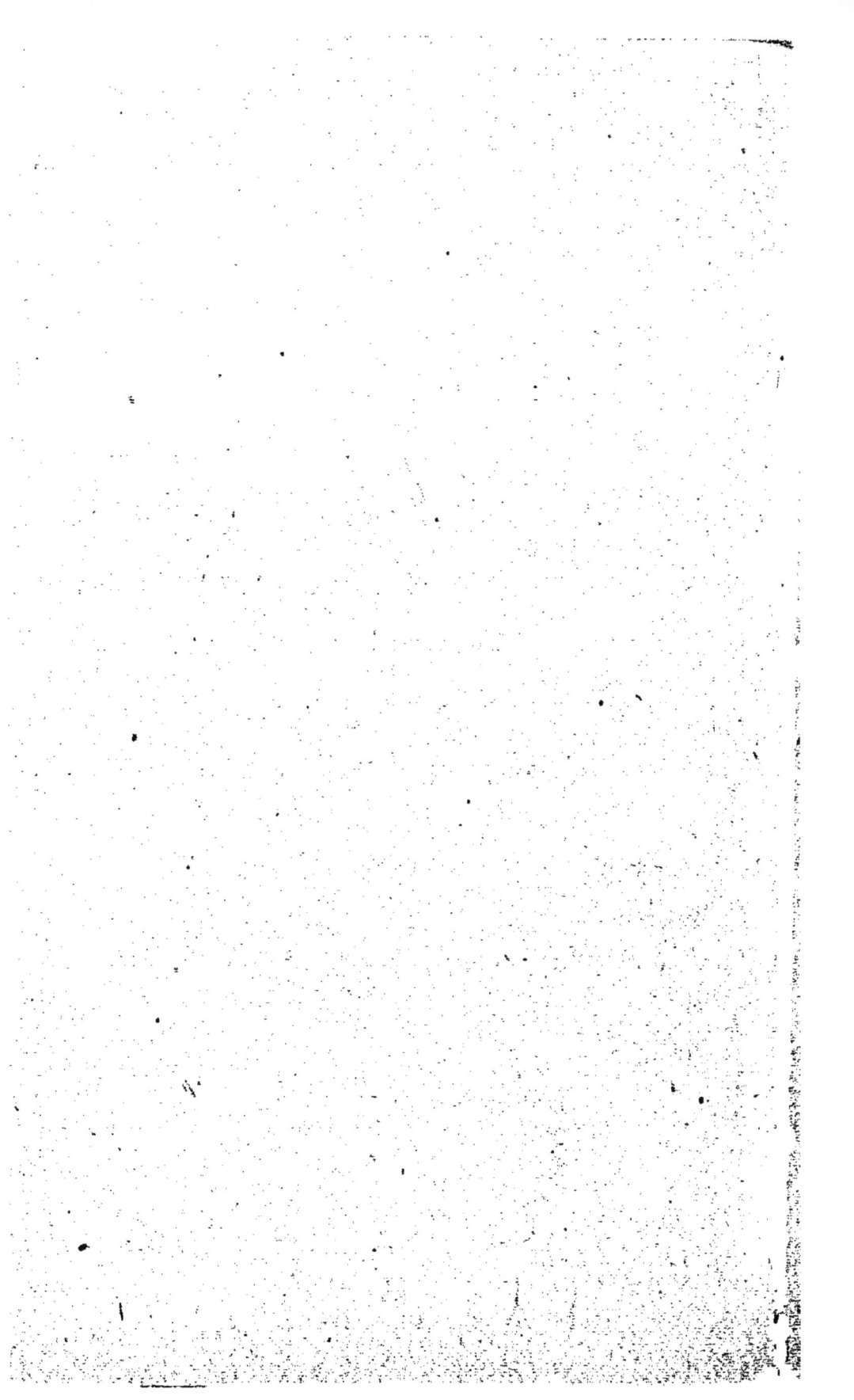

LA PRÉFACE DES JEUX OLYMPIQUES

Dès qu'ils ont su que je voulais rétablir les Jeux
Olympiques, mes amis m'ont demandé si j'exigerais
des concurrents de l'avenir le costume simplifié qu'on
imposait à ceux du passé et si la défense faite aux
femmes d'assister à la fête serait ou non maintenue.
Ils étaient curieux de savoir jusqu'où j'allais pousser
le souci de la restitution. Ils apprirent avec regret
qu'il s'agissait de fleurets, de barres fixes, de skiffs et
de bicyclettes, tous instruments appréciés de nos
contemporains, mais dont l'esthétique est encore
discutée.

Quelques personnes s'indignèrent, me vouèrent
aux divinités infernales, m'accusant de blasphème et
de profanation. M. Michel Bréal, au contraire, offrit
un prix pour le vainqueur de la célèbre course de
Marathon qu'il souhaitait voir se renouveler sous ses
yeux. Ce qui révoltait les uns, précisément, charmait
les autres. Ainsi va le monde. Aux États-Unis, où

j'avais présenté mon idée en premier lieu, on l'avait accueillie avec sympathie. Les Américains portent allègrement le fardeau du passé ; ils se sentent assez jeunes et assez forts pour en hériter totalement ; leur siècle ne craint point la comparaison avec les siècles disparus : ils le jugent grand et beau. Pourquoi donc les Jeux Olympiques modernes demeureraient-ils inférieurs aux Jeux Olympiques anciens? L'Angleterre, dont je tentai ensuite de me concilier les faveurs, estime que la culture de la vigueur et de l'agilité corporelles est devenue l'apanage exclusif de ses fils,... son acquiescement fut sceptique, presque railleur. Cela se passait à l'automne de 1893 et dans les premiers mois de 1894; au printemps de cette année-là, le Congrès Olympique s'ouvrit à la Sorbonne.

La séance d'ouverture ne fut point banale. Elle eut lieu dans le grand amphithéâtre qu'inaugura en 1889 le Président Carnot, entouré par les délégations enthousiastes des étudiants de tous les pays et où, plus tard, les représentants de la science universelle célébrèrent le jubilé de Pasteur. Sur la pierre blanche se détache la fresque de Puvis de Chavannes : le maître a représenté, dans le bois sacré qu'emplit un crépuscule divin, l'effort auguste de la pensée humaine vers la lumière et la vérité. C'était la première fois qu'un congrès athlétique se tenait en ce lieu. M. le recteur Gréard n'avait point pensé qu'il y fût déplacé. Il y avait là d'ailleurs les délégués du gouvernement, des membres de l'Institut, des savants, des artistes. Après les discours du baron de Courcel, président du Congrès, et du poète Jean Aicard, des

choristes exécutèrent l'*Hymne à Apollon*, ce fragment
de musique grecque découvert dans les fouilles de
Delphes.

Le Congrès tint six séances, agréablement entre-
mêlées de fêtes, d'excursions et de banquets. La
France, l'Angleterre, les États-Unis, la Grèce, la
Russie, la Suède, la Belgique, l'Italie, l'Espagne
étaient représentés par des délégués; la Hongrie, la
Bohême, l'Allemagne, la Hollande, l'Australie l'étaient
par des adhésions individuelles ou des communications écrites. A l'unanimité des votants, il fut décidé
que les Jeux Olympiques rétablis seraient célébrés
successivement dans toutes les capitales du monde
à quatre années d'intervalle, que le programme en
serait exclusivement moderne et que leur inauguration aurait lieu à Athènes, au printemps de 1896. Le
Congrès, avant de se séparer, nomma un comité
international de quinze membres, chargé d'exécuter
ses décisions.

Il y a maintenant mille cinq cent deux ans qu'un édit
de l'empereur Théodose supprima définitivement les
Jeux Olympiques et je suis sûr qu'ils sont légion ceux
qui, depuis lors, en ont rêvé le rétablissement :
Romains dégénérés, imitateurs serviles des choses
helléniques, — Byzantins compliqués chez qui les
grands souvenirs étincelaient parfois sous le snobisme,
— vieux professeurs épris des textes classiques, —
âmes obscures saisies par la resplendissante vision
de la beauté grecque, — songeurs de partout, anxieux
de refaire de l'avenir avec des morceaux de passé.

Olympie a remué trop de désirs, concentré trop
d'efforts, fixé trop d'existences pour que, même dis-
parue, sa blanche silhouette ait cessé d'attirer les
regards et de les charmer. Il y a des spectacles qui
s'incrustent si profondément dans les yeux des
peuples que, très loin dans les âges, leurs descendants
les voient encore, confusément, au fond d'eux-mêmes.
Les fêtes pompeuses des bords de l'Alphée ne sont
jamais sorties de l'histoire; le monde en a oublié le
sens : il n'en a jamais perdu le souvenir.

Olympie s'enfonça lentement dans sa tombe : on
sait qu'après l'invasion d'Alaric, ses temples subsis-
taient encore. Théodose II les livra aux flammes; au
fanatisme stupide des hommes s'ajouta la force bru-
tale des éléments : les tremblements de terre de
522 et de 551 achevèrent l'œuvre de destruction. Il
resta un misérable village et une citadelle byzantine.
Les hordes slaves, les chevaliers croisés, les mar-
chands vénitiens foulèrent ce sol devenu quelconque.
Qui sait pourtant si ces ignorants ne cherchaient pas
des vestiges de l'enceinte sacrée et si le nom d'Olympie ne sonnait pas dans leur esprit comme l'écho lointain d'une fanfare triomphale et mystérieuse? Le
souci de la retrouver hanta de bonne heure les esprits
les plus divers : Montfaucon, Winckelmann, Richard
Chandler, Fauvel, Lord Spencer Stanhope.... On ne
songeait pas encore à toute la science que la terre
recèle et déjà on voulait fouiller là comme si l'âme de
la Grèce antique s'y fût ensevelie avec les chefs-
d'œuvre de ses artistes. Delphes et Eleusis n'étaient
que des sanctuaires; les Thermopyles évoquaient le

nom d'un héros; l'Acropole d'Athènes redisait l'histoire d'une cité glorieuse entre toutes; mais Olympie
symbolisait une civilisation entière, supérieure aux
cités dont elle avait apaisé les querelles, — supérieure
aux luttes armées qu'elle avait interrompues souve-
rainement, — supérieure à la religion même qu'elle
subordonnait au culte de la jeunesse, à l'avenir de la
race. Quand une héroïque rébellion eut forcé l'Europe à songer aux Grecs, à la suite des soldats français qui descendirent en Morée, apportant un précieux
mais tardif secours, vinrent des savants : ils étaient
organisés en mission officielle à l'instar de celle qui
avait suivi Bonaparte en Égypte. Tout de suite Olympie fixa leurs recherches; ils réussirent à dégager le
temple de Jupiter. Les Allemands, plus tard, exhu-
mèrent toute la ville : ils y dépensèrent six ans d'efforts et un million de francs, sans profit apparent
pour leur pays, puisque cette fois pas un fragment
de marbre ne sortit de Grèce. Mais l'Allemagne
estima que ce n'était pas payer trop cher l'honneur
de rendre Olympie au monde. On put, dès lors, circuler dans la cité sainte où Pausanias servait de guide.
N'avait-on pas déterré l'Hermès de Praxitèle à
l'endroit même que désignait sa relation? Les monuments se dessinaient sur le sol dans l'ordre indiqué
par lui, leurs colonnes en ruines, leurs chapiteaux
brisés, leurs bas-reliefs mutilés gisant à l'entour.

Olympie était retrouvée, mais les Jeux Olympiques,
pourrait-on les rétablir? L'heure approchait où la
chose deviendrait possible. Jusque-là elle ne l'avait
pas été. Pendant des siècles on n'a point su ce que

les Grecs allaient faire à Olympie. Les savants avaient
beau connaître par le menu le programme et l'histoire
des Jeux et jusqu'aux règlements sous lesquels ils se
donnaient, on n'en était guère plus avancé. Ils four-
nissaient force détails sur l'institution, mais on sentait
qu'ils en ignoraient la vraie portée, le centre.... Les
plus sincères trahissaient quelque mauvaise humeur
contre ce peuple créateur de la beauté, épris de poésie,
de rêve et d'harmonie et qui, périodiquement, inclinait
devant une royauté musculaire tous ces dons divins.
Du fait qu'à l'époque des jeux, l'élite du monde grec
se trouvait assemblée sur les rives de l'Alphée — les
artistes pour y faire voir leurs compositions, les
poètes et les historiens pour y lire leurs œuvres, les
diplomates pour y conduire leurs négociations, — ils
auraient voulu conclure que le sport servait de prétexte et tenait, en réalité, un rang secondaire. Mais
on ne saurait s'y tromper; ambassadeurs, écrivains,
peintres, sculpteurs n'étaient là que pour faire cortège
aux athlètes : ce qui fixait tous les regards, ce n'était
pas l'Agora, c'était le Stade. Pendant les concours
l'autel de Zeus lui-même se trouvait délaissé; sacri-
fices, processions, cérémonies pieuses constituaient
l'encadrement conçu pour augmenter la majesté du
spectacle. La prédominance de l'athlète s'inscrivait
partout. C'est lui qui voyait s'élever sa statue sous
les platanes des avenues, lui dont on immortalisait le
nom en le gravant sur l'airain, lui qui faisait dans sa
ville natale une rentrée de triomphateur par la brèche
ouverte dans les murs. Folie populaire, a-t-on dit,
enthousiasme frivole! Mais cette folie, cet enthou-

siasme ont duré mille ans ! A quoi donc répondaient-ils dans l'âme de cette nation qui distribua si étrangement ses faveurs et se plut à entendre Socrate parler dans l'enceinte d'un gymnase?

Après beaucoup de réflexions, on a trouvé deux grands mots pour expliquer cela : le *civisme* et l'*art*. Il a été entendu — le souvenir de Lycurgue aidant — que le jeune Grec se devait avant tout à sa patrie et s'entraînait en vue de la mieux servir. Mais l'entraînement méthodique, quotidien et modéré, existait dans les armées grecques : il a existé dans toutes les armées régulières, même chez les Égyptiens qui ignoraient le sport et le patriotisme. Qu'y a-t-il de commun entre l'exercice physique ainsi entendu et cette passion fougueuse qui poussait vers le stade d'Olympie des gymnastes avides d'efforts et des spectateurs transportés d'enthousiasme? Le service de la patrie s'accommode mal de pareilles dépenses de forces : cet excès de travail, cette tension de tout l'être en vue d'un concours ne lui conviennent guère. Le bénéfice qu'elle en retire est immense, mais il est indirect et lointain : elle ne le voit pas. Les pédagogues sont toujours portés à enseigner la *mesure* : c'est leur instinct; c'est un peu aussi leur raison d'être. En Grèce, comme ailleurs, il y eut des mécontents que l'olympisme irritait et qui maudirent tout bas une institution dont l'influence contrariait leur enseignement. Ni au point de vue militaire, ni au point de vue éducatif, le civisme ne peut expliquer les Jeux Olympiques. Reste l'art. C'était par recherche de la beauté plastique que les Grecs couraient, sau-

taient, boxaient, lançaient le disque et le javelot. Qui
le croira? Il suffit d'y songer un instant pour juger
l'explication à sa valeur. Nous éprouvons une jouissance esthétique à considérer le Discobole et les
quelques chefs-d'œuvre que le temps a épargnés.
Est-ce à dire que nous les prenons pour des repro-
ductions exactes de la nature? Allons-nous croire
naïvement que les Grecs étaient ainsi lorsqu'ils se
livraient à leurs exercices de force et d'adresse? Pen-
sons-nous que la sueur s'abstenait de couler sur leur
chair, que les traits de leur visage ne se contractaient
pas durement, que l'entraînement localisé n'avait
pas grossi exagérément certains de leurs muscles?
L'athlète n'est jamais beau; pour l'être, il faudrait
qu'il pût raisonner ses mouvements, surveiller ses
attitudes et alors ce ne serait pas un véritable athlète
puisqu'un peu de son attention, de sa force par conséquent, serait détourné de l'effort à accomplir. Ce
que l'on admire en lui, ce sont l'ambition et la
volonté; ambition de faire plus que les autres,
volonté d'y parvenir. Rien n'est enthousiasmant
comme l'emballage final d'une course à l'aviron, ou
le coup droit brusquement poussé par l'escrimeur sur
la poitrine de son adversaire : mais ce spectacle est
enthousiasmant, par réflexion, pour ceux qui savent
ce qu'il a fallu au rameur de poignante énergie, au
tireur de calme et de possession de soi-même; les
autres ne comprennent pas : ils admirent de confiance. Tout l'athlétisme tient en ces trois mots que
le Père Didon donna une fois pour devise sportive
aux élèves de son école, à l'issue d'une partie de

foot-ball : *citius, fortius, altius* : plus vite — plus fort — plus haut. Ils forment un programme de beauté morale. L'esthétique du sport est une esthétique immatérielle.

Les Grecs qui idéalisaient toute leur existence nationale, leurs pensées et jusqu'aux premiers faits connus de leur histoire, idéalisèrent l'athlétisme. Par cela même que l'athlète, à leurs yeux, accomplissait de grandes choses, il devait être représenté sous les traits les plus parfaits, de même que l'athlétisme devait trouver son origine dans quelque divine légende. Olympie, disaient-ils, avait été consacrée par les dieux : Jupiter y avait lutté contre Saturne, Apollon y avait vaincu Hermès à la course et Arès au pugilat. Hercule, après avoir triomphé d'Augias, roi d'Élis, y avait célébré pour la première fois les Jeux Olympiques. Cela, c'est le rayon de poésie dont le génie grec dorait invariablement les institutions populaires : il serait oiseux de chercher dans ces récits l'ombre d'une tradition; il serait absurde de leur attribuer un rôle quelconque dans la création et le développement des Jeux Olympiques.

Les Jeux Olympiques sont nés parce que le germe de l'athlétisme existait en Grèce, en vertu de Dieu sait quelle loi mystérieuse de physiologie ou de quel principe insondable d'hérédité; et du moment que ce germe existait, ils ne pouvaient pas ne pas naître. Le sport n'est pas naturel à l'homme; il ne faut pas le confondre avec la perfectibilité musculaire; ce sont deux choses absolument différentes. Tout animal est susceptible d'acquérir une certaine dose de vigueur, de souplesse, d'agilité et, quand il est sain, il y prend plaisir; mais le sport, nous l'avons dit, est quelque chose de plus; il suppose la·lutte et, par conséquent, la préparation voulue, raisonnée, l'entraînement : il suppose le désir ardent de la victoire et la jouissance morale qui en résulte.

J'emploie ce mot « sport » pour me faire mieux comprendre de ceux auxquels il est familier; mais je l'emploie à regret. Il s'y mêle je ne sais quel parfum de sotte mondanité, de mauvaise anglomanie. C'est : athlétisme, qu'il faut dire. Le terme était à portée; il suffisait de le dépouiller des scories qui le revêtaient et de lui rendre sa signification antique, très pure et très précise. Il faut pour cela un peu de temps. Je me souviens qu'en 1889, au Ministère de l'Instruction publique, il y eut, autour d'un tapis vert, de beaux débats à ce sujet. On avait décidé d'organiser un Congrès d'Éducation physique à l'occasion de l'Exposition universelle : j'en étais secrétaire; la commission critiquait mon vocabulaire; elle repoussait « sport » à cause des courses de chevaux, et athlétisme, à cause des Hercules de la foire de Neuilly. Nous prenions des périphrases pour expliquer notre pensée. Mais, aujourd'hui, « athlétisme » a prévalu.

Le mot avait disparu, jadis, parce que la chose était morte. Les Jeux Olympiques avaient cessé parce que le germe de l'athlétisme était épuisé. Il a reparu au XIXe siècle. D'où vient-il? Comment s'est-il conservé et pourquoi a-t-il reparu? Pendant des siècles sa trace est perdue. On a pensé la suivre à travers le monde romain. Mais ni les exercices du Champ de

Mars, ni la fréquentation des Thermes, ni plus tard les bestialités du Cirque n'ont de rapport avec l'athlétisme grec. Tout diffère : tendances et formes.

Le gladiateur a rabaissé et tué l'athlète. En même temps s'opère une révolution religieuse qui divise le monde en deux camps et dresse en face de l'idéal antique un autre idéal, selon lequel l'esprit a pour mission de contrarier la chair, de la meurtrir. La gymnastique participe de la haine qui s'exerce contre toutes les institutions du paganisme. On la proscrit ; pour un peu on lui découvrirait une origine diabolique. Il est dangereux pour l'homme, dit-on, de s'occuper de son corps ; c'est l'embûche par excellence que lui tend l'esprit malin ; s'il y cède, le vice est sur lui et sa mort morale est consommée. Ces idées-là, notez-le bien, ont été admises universellement et elles pèsent sur nous de tout le poids des siècles qui les ont mises en pratique. L'inertie musculaire a peut-être cessé d'être le critérium de la vertu ; mais on la considère encore comme une condition indispensable de l'activité cérébrale et cela revient au même. Il y a eu en plein moyen âge un retour de l'esprit athlétique : c'est la chevalerie. Cette veillée des armes qui précédait la fête toute de joie et d'activité physiques par laquelle le jeune chevalier inaugurait sa vie nouvelle c'est peut-être ce qui, depuis quinze cents ans, a le plus ressemblé aux Jeux Olympiques ; et rien ne prouverait mieux, si besoin en était, combien peu l'athlétisme et le paganisme furent liés l'un à l'autre. Lui aussi, le jeune Grec passait le dernier soir dans la solitude et le recueille-

ment sous les portiques de marbre du gymnase
d'Olympie situé un peu à l'écart, loin des temples et
du bruit; lui aussi devait être irréprochable hérédi-
tairement et personnellement, sans tare d'aucune
sorte dans sa vie ni dans celle de ses ancêtres; lui
aussi associait à son acte la religion nationale, prêtait
devant les autels le serment de l'honneur et, pour
récompense, recevait le simple rameau vert, symbole
de désintéressement. Tous deux, sans doute, atten-
dirent avec la même ardeur et la même impatience
les premières clartés de l'aube. Ce fut la même aurore
qui, pour l'un, dora la cime boisée du mont Kronion,
puis les blanches façades d'Olympie et les prés fleuris
de l'Alphée; et glissa, pour l'autre, ses rayons pâlis
par les meurtrières profondes du donjon féodal. Entre
eux il y eut l'épaisseur des âges et tout un monde
d'idées différentes; mais la sève juvénile les faisait
pareils. Ils pensaient avec la même joie à l'épreuve
prochaine et le plaisir de leurs muscles montait jusqu'à leur cerveau, les détournant de leurs méditations
et faisant oublier à l'un Zeus, protecteur des hommes
— à l'autre Madame la Vierge, sa patronne.

La « renaissance athlétique » sera considérée, plus
tard, comme l'une des caractéristiques du xixe siècle.
Aujourd'hui le mot fait sourire. Non seulement on le
trouve ambitieux, mais il semble inexact; pour beaucoup de gens il y a simplement ceci : le goût d'amusements de plein air, naturels à l'homme, un peu
délaissés depuis cent ans, et qui, de nouveau, sont en
vogue. Mais quand on écrira l'histoire de ce grand

mouvement, on se rendra compte de son importance. Né en Prusse au lendemain d'Iéna, il s'étend à la Suède, puis à l'Angleterre, aux États-Unis, revient en France, et gagne peu à peu les pays avoisinants. Partout, sauf en Angleterre, c'est une secousse nationale qui le détermine et çà et là se lèvent des hommes qui en prennent la direction et selon l'époque, le lieu, la race, l'idéal qu'eux-mêmes poursuivent, l'orientent dans des voies différentes. Le maître d'école prussien veut discipliner ses écoliers et, par les écoliers, la nation; le professeur suédois songe à la santé publique; le pédagogue anglais cherche un terrain solide d'éducation morale. On dirait qu'ils travaillent à trois œuvres différentes. Thomas Arnold, dans son collège de Rugby, vise-t-il donc le même but que Ling dans son Institut de Stockholm? L'ardeur de leurs disciples, qui conçoivent étroitement les théories du maître et suivent aveuglément ses préceptes, augmente encore cette impression. La gymnastique militaire de l'Allemand, l'exercice hygiénique du Suédois, le sport libre de l'Anglais proclament leur supériorité et prétendent à la suprématie. Plus tard, à un carrefour qui est déjà sur notre horizon, on verra que leur action converge et que, si les moyens furent divers, le but était un. Ce qui suffirait à le prouver, c'est l'opposition qui s'est manifestée partout et sous une forme identique, non pas cette opposition routinière qui combat la nouveauté par respect pour la tradition, mais une opposition raisonnée issue du mépris qu'inspire l'exercice physique. C'est la réaction des premiers temps du christianisme qui dure toujours; c'est la haine inconsciente pour la chair, ce sont les méfiances ascétiques cristallisées par le temps, passées dans les mœurs. Au prix de quels efforts reviendra-t-on à une conception plus juste de la machine humaine, de son harmonieux équilibre?

Partout même violence dans l'argument, même passion dans l'objection. « Vous allez, dit-on aux novateurs, abaisser le niveau des études, fausser les idées, développer la brutalité, affaiblir la race. » Contre eux, tout est mis en œuvre, statistiques torturées, renseignements inexacts, faciles railleries. Fouillez dans les bibliothèques allemandes d'il y a quatre-vingts ans, dans les bibliothèques suédoises d'il y a soixante ans! Vous trouverez les traces de cette hostilité irréfléchie. En Angleterre, ce fut pis encore. Je voudrais pouvoir placer les journaux et les brochures publiés entre 1840 et 1860 sous les yeux de ceux qui s'imaginent que les Anglais ont toujours joué au cricket et que le sport leur est aussi naturel que la faim et la soif. Ils verraient quelles invectives s'attirèrent, par leur audace, Kingsley et ses premiers disciples!

Aux États-Unis, il fallut la guerre de Sécession pour rendre la société aux distractions saines; jusque-là c'était la mode pour les femmes d'avoir l'air maladif et, dans les universités, les jeunes gens employaient leurs loisirs à pérorer en prose et en vers. Si le désastre de 1870 avait été, pour nous, moins complet, les sociétés de gymnastique n'eussent point prospéré. La France était parmi les pays les plus rebelles à l'athlétisme : le pauvre colonel Amoros y avait perdu ses peines!...

Le rétablissement des Jeux Olympiques peut être considéré comme la consécration du mouvement que nous venons d'esquisser. Envisagé sous cet angle, le projet est peut-être moins grandiose, mais plus pratique. Puisqu'il s'est fondé tout autour du monde une si grande quantité d'associations athlétiques et gymnastiques, il paraît tout simple d'organiser des réunions périodiques, leur permettant de se comparer les unes aux autres. L'émulation est la base du sport. La chose d'ailleurs n'est-elle pas singulièrement facilitée par la fréquence et la rapidité des communications? Avec le chemin de fer et le bateau à vapeur, il n'y a plus de distances! Les concurrents peuvent être transportés en quelques jours au lieu du concours. Jusqu'à la minute du départ, le télégraphe est là pour les renseigner sur le nombre et la qualité de leurs adversaires, la disposition du terrain, l'ordre des épreuves. Quant aux dépenses nécessitées par l'organisation des fêtes, si elles incombent chaque fois à un pays différent, elles ne chargeront guère son budget; en admettant même que l'État soit forcé de s'en désintéresser, on peut compter sur l'initiative et la générosité des citoyens.

Tout cela est vrai; mais d'autre part une difficulté nouvelle a surgi avec laquelle il faut compter. La paix du monde ne repose depuis trente ans que sur la force toujours croissante des armées européennes : ce sont les perfectionnements indéfinis des engins, l'augmentation illimitée des effectifs qui ont empêché

la guerre d'éclater. Cet état de choses a eu pour conséquence une déviation de l'athlétisme. Des sociétés
se sont fondées qui ont en vue le sport *pour la guerre.*
En Prusse, au commencement du siècle, c'était moins
la perspective de la revanche que le désir d'un relèvement général qui animait les promoteurs de la gymnastique. De nos jours l'esprit n'est plus le même.
Gymnastes et tireurs se préparent, en plus d'un pays,
à la lutte armée; ils ont militarisé à outrance leurs
exercices et emportent avec eux sur le terrain d'entraînement les passions patriotiques qui les animent.
Or les Anciens avaient dû proclamer autour des Jeux
Olympiques la trêve sacrée; pour les Modernes, la
nécessité n'en est ni moins absolue ni moins immédiate : pas de trêve, pas de Jeux Olympiques.

C'est pourquoi notre œuvre, au milieu de sympathies presque unanimes, a rencontré quelques oppositions; nous ne les craignons point. Le temps fera
son œuvre et, quand ils comprendront ce que nous
avons voulu faire, nos détracteurs eux-mêmes seront
avec nous.

Il n'est jamais très aisé ni très agréable de se rendre
chez quelqu'un pour lui dire : « Vous avez de bien
beaux salons. Permettez que nous y organisions, à
vos frais, une fête qui sera superbe. » Telle était la
mission dont je me trouvais investi en débarquant
au Pirée le 8 novembre 1894. Les Grecs avaient
accueilli avec enthousiasme la décision du Congrès
de Paris. La proposition d'inaugurer à Athènes les
modernes Jeux Olympiques avait été formulée par leur

délégué, M. Bikelas; ils lui en savaient gré; son nom seul, du reste, leur donnait confiance. Mais l'été avait passé sur cette résolution et l'on découvrait maintenant à l'entreprise des obstacles qui semblaient insurmontables. Le chef du gouvernement, M. Tricoupis, ne cachait pas son sentiment. La Grèce, disait-il, devait décliner l'invitation : elle n'avait pas les ressources suffisantes; les eût-elle trouvées qu'il lui eût fallu renoncer à les utiliser; était-ce à l'heure où les finances du royaume jouissaient à l'étranger d'une si fâcheuse réputation, que la Grèce pouvait se mettre en frais? Toute l'argumentation du président du Conseil se résumait en ces deux propositions. Autour de lui on s'exagérait singulièrement les dépenses que devait occasionner la solennité; certains parlaient de dix millions et ce chiffre décourageait nos plus chauds partisans.

Mais là-bas tout devient question de parti; on se mit à « politiquer » sur le rétablissement des Jeux Olympiques et l'opposition n'eut pas de peine à trouver des arguments favorables. A mon arrivée la discussion était ouverte, les journaux prenaient position, chacun disait son avis. J'avais croisé sur mer la lettre officielle destinée à rendre mon voyage inutile; il y était dit que « conscients de la faiblesse des moyens dont dispose actuellement le peuple grec, pénétrés de la conviction que la tâche dépasse ses forces », les délégués préposés à l'examen de la question « n'avaient pas eu la liberté du choix » en repoussant « l'offre généreuse » du Congrès de Paris.

Oh! ces premières journées passées sur la terre

hellénique, à faire de la diplomatie, à déposer des
cartes, à interviewer les journalistes. Le matin, à
l'aube, en venant du Pirée, j'avais aperçu dans un
nuage d'or, sur son rocher rouge, le divin Parthénon ; pendant trois jours, je ne le revis plus qu'en
fuite rapide aux croisements des rues; je roulais en
landau, avec un ami, par les carrefours poussiéreux; le cocher, grand partisan des Jeux Olympiques,
descendait parfois de son siège et nous tenait de
longs discours, indiquant à mon ami « comment je
devais m'y prendre avec Tricoupis ». Nos peines, du
moins, n'étaient pas inutiles et nous avions conscience
d'avoir fait de bonne besogne en rentrant, le soir,
fatigués des paroles échangées, des idées ressassées.
Le président du Conseil m'avait fait le grand honneur
de ne pas attendre ma visite et de venir me chercher
à l'Hôtel de la Grande-Bretagne. Je le vois encore
assis sur un divan, son profil accentué se détachant
sur la muraille blanche; je le regardais curieusement;
il incarnait devant moi, en ce premier contact avec
la Grèce moderne, l'œuvre athlétique, le merveilleux
« rétablissement » accompli par ce peuple impéris-
sable dont cinq cents ans de servitude n'ont pas eu
raison.

M. Tricoupis ne se laissa pas gagner. Jusqu'au
bout il demeura ferme dans son refus de concours,
Mais j'obtins de lui, après quinze jours, une pro-
messe de « neutralité bienveillante ». Le commerce
d'Athènes, les sociétés sportives, quelques personnages influents se prononçaient pour les Jeux. Dans
une conférence au « Parnasse », la société littéraire

la plus importante de Grèce, j'exposai nos vues et les moyens propres à les réaliser. Je sentais l'auditoire à la fois sympathique et ironique. Avec ce mélange d'ardeur et de sang-froid qui en fait un peuple si primesautier et si réfléchi, le Grec se donne et se reprend tour à tour, hésitant toujours devant la parole qui l'enchaînera, heureux des compliments qu'on lui apporte et se méfiant de celui qui les lui apporte.

Les éléments de succès n'étaient pourtant ni assez nombreux ni assez apparents pour déterminer un de ces courants d'opinion qui entraînent les gouvernants, et, tout en continuant à négocier, j'entretenais une correspondance avec notre délégué hongrois, M. Franz Kemény. En 1896, la Hongrie devait fêter par une exposition le millième anniversaire de sa naissance à la vie politique. Si les Jeux Olympiques ne pouvaient avoir lieu à Athènes, on les célébrerait à Budapest. Mais avant d'en arriver là, tout serait tenté en vue de donner à leur inauguration le cadre qui lui convenait par excellence. Je me souviens d'avoir erré souvent aux alentours du Stade, le rebâtissant en esprit tel qu'il était au temps de Périclès et tel qu'il est maintenant, avec ses longs degrés de marbre, ses statues, son enceinte immense. Dix-huit mois ont suffi pour que le rêve devînt réalité. Un nouvel Hérode Atticus a voulu doter sa ville natale d'un monument qui commémorât dignement la réouverture des Olympiades.

Lorsque je quittai Athènes, j'étais parvenu à y constituer un Comité embryonnaire qui devait faire appel au pays, demander des subsides et préparer les

Jeux Olympiques de 1896. Ce qui, bien plus que la
composition du Comité, me donnait confiance, c'était
la sympathie non équivoque de son président. S.A.R.
le Prince Royal ne se dissimulait pas la difficile réalisation de nos projets, mais on sentait que son
ardent patriotisme le disposait à prendre la direction
effective d'une œuvre dont le nom seul était un hommage rendu à son pays. Quand, un peu plus tard,
émus d'une interpellation qui avait eu lieu à la Chambre
et au cours de laquelle le Gouvernement marqua une
fois de plus son indifférence à l'égard des Jeux, les
vice-présidents du Comité voulurent lui faire agréer
leur démission, le prince résolut d'intervenir plus
directement. Il réorganisa le Comité, en installa les
bureaux dans son propre palais et choisit pour secrétaire général, M. Philémon, ancien maire d'Athènes.
Alors les souscriptions affluèrent, l'enthousiasme
populaire déborda; M. Bikelas, qui m'avait succédé
en Grèce et s'y trouvait chez lui, employait à l'entre-
tenir sa féconde activité. Les blocs de marbre du
Pentélique s'entassèrent dans le Stade, et la piste
d'un vélodrome se dessina près de Phalère. Des invi-
tations furent envoyées aux quatre coins du globe.
Elles causèrent çà et là un peu de surprise; le temps
manquait pour se préparer; les comités nationaux
avaient travaillé, d'ailleurs, avec une ardeur très
inégale; néanmoins, de toutes parts on répondit à
l'appel.... Pendant une semaine Athènes fut comme
jadis Olympie — *Cosmopolis.*

NOTES ATHÉNIENNES

Athènes, 1894.

Ce fut une sensation rare, cette première entrée au Pirée, une nuit de novembre. J'ose à peine en décrire le charme subtil et imprévu. La mer sommeillait déserte, une clarté diffuse traînait sur les eaux. Nous suivions le rivage indécis derrière lequel se profilait, vers le nord, une masse sombre ayant à sa base une sorte de nébuleuse; c'étaient le mont Hymette et les lumières d'Athènes.

L'*Ortégal* s'avançait très lentement, comme intimidé par le calme des choses : il doubla un promontoire et s'approcha de deux jetées d'aspect antique. Dans le port, le silence régnait : on s'était lassé de nous attendre. Une barque attardée rôda quelques instants autour du navire et il se fit un peu de bruit à bord; des mots furent échangés dans une langue rapide et sonore, mais très douce,... les mêmes mots peut-être qui, deux mille ans passés, saluaient ici les navigateurs. L'ancre tomba près de deux avisos cuirassés

qui en l'honneur de l'empereur Alexandre portaient le
grand deuil de la marine,... puis tout retomba dans l'im-
mobilité. Sur les quais endormis, la brise agitait par
instants la flamme des réverbères et celle-ci, avivée
soudainement, éclairait sur une muraille blanche une
grande inscription en lettres grecques. On pouvait
se croire dans l'enceinte morte du vieux Pirée et le
regard cherchait, avide, ces *longs murs* qui reliaient
jadis la ville maritime à la capitale.... Mon Dieu!
cette veillée, d'autres l'ont accomplie sans doute.
L'*Ortégal* n'est pas le premier navire qu'un retard
imprévu a fait entrer de nuit au Pirée. Mais je crois
que, pour en comprendre la douce poésie, il faut être
de ceux qui regardent la Grèce antique comme le
« précepteur du monde »,... et c'est là un point de
vue bien démodé par ce temps de leçons de choses
et de mathématiques omnipotentes.

***

Le lendemain, sur la route poussiéreuse qui monte
vers Athènes, l'impression fut tout autre : il me
sembla que je débarquais dans un pays neuf; des
souvenirs d'Amérique traversèrent mon esprit. C'est
bien ainsi qu'on installe dans les campagnes yankees :
ce bois mal équarri, ces barrières mal peintes; ces
chemins improvisés, cette sorte de hâte insouciante
dans l'arrangement des choses, tout cela caractérise
les peuples jeunes, où qu'ils soient et d'où qu'ils
viennent. Et c'est merveille de songer au royal passé
que celui-ci traîne après lui.

Le Pirée, d'ailleurs, dans nos imaginations occidentales, n'évoque que des pans de murailles très vieilles s'effritant dans l'eau dormante, et voici toute une ville avec des constructions qui s'achèvent et des rues pleines d'animation. Un chemin de fer et un tramway à vapeur en sortent en même temps courant vers Athènes. Puis c'est Phalère avec ses villas d'été et les gros cuirassés de l'escadre anglaise se carrant dans la baie. ✗

.
. .

L'homme du Nord se plaint volontiers de la méfiance que lui témoignent les Hellènes, même quand il vient vers eux avec des paroles de miel et des présents dans les mains. Ah! comme je leur pardonne. Leur génie incompris, leurs ambitions ridiculisées, leurs efforts paralysés, leur existence nationale elle-même contestée, voilà le prix que l'Occident leur a fait payer un maussade appui donné à des revendications légitimes entre toutes. About, le triste About, a livré d'eux au monde un portrait odieusement travesti et un savant allemand, Fallmerayer, a tenté de prouver que pas une goutte de vrai sang grec ne coulait dans leurs veines.

Est-ce donc un mirage, cette ressemblance avec les ancêtres qu'on note à tout moment? L'imagination peut-elle jamais modifier les lois de l'hérédité, et depuis quand les parvenus qui s'achètent des titres de noblesse revêtent-ils les vertus et les défauts de ceux qui les portaient jadis, au temps des croisades?

Allez par les rues et les carrefours; regardez et écoutez, et dites-moi si ce n'est pas la vieille Athènes qui revit après vingt siècles : démocratique comme au temps où elle secouait la tyrannie des Pisistratides, mobile comme au jour où elle condamnait Miltiade après l'avoir exalté, toujours divisée par la politique et les rivalités, toujours unie par l'art, la religion et le patriotisme? Oui, c'est bien la même Athènes qui s'éprit d'Alcibiade pour ses élégantes excentricités et se dégoûta d'Aristide parce que sa vertu l'ennuya; qui envoyait ses fils s'enrichir au loin par le commerce, fonder des colonies sur les rives de la Méditerranée et du Pont-Euxin, et les conviait ensuite à la revêtir de marbre et d'or, tour à tour coquette et farouche, héroïque et joyeuse, femme et déesse!

* * *

A l'heure où, dans des clartés roses, derrière l'île d'Égine, le soleil descend du ciel, la rue du Stade s'anime. Sous les portiques de l'Université dont la grande fresque à fond d'or doucement s'efface, les étudiants, groupés, bavardent; on bavarde aussi aux alentours du Parlement, dont la séance vient de s'ouvrir, et aux tables des cafés, et dans les salons du Parnasse; mais, à cette heure-là, je préfère les rues populaires, étroites et pittoresques, les étalages de fruits jaunes en plein vent et les discussions politiques, très ardentes, qui se tiennent dans les boutiques sans souci du client, lequel parfois s'y mêle et oublie d'acheter...

Ce matin il fait clair dans le Parthénon. Le soleil se mire sur le dallage de marbre blanc; entre les colonnes apparaît la ligne très pure de l'Hymette se détachant sur un ciel d'une transparence exquise. Je voudrais là, autour de moi, tous nos petits potaches qui, laborieusement, expliquent dans un mot à mot lamentable les chefs-d'œuvre de l'antiquité grecque, et il me vient la pensée que ce travail auquel ils se livrent n'est pas sans analogie avec les actes de vandalisme inconscient que les Vénitiens, les Turcs et les Anglais ont accompli dans cette Acropole qui étale devant moi sa misère royale.

L'*Iliade* est, comme le Parthénon, quelque chose qui ne se débite pas en tranches, qui ne s'isole pas, qui ne *s'explique* pas. Il faut, pour en comprendre le sens profond et en apercevoir les perspectives incomparables, il faut que le monument nous soit montré tout à coup, à un détour de la route, se profilant sur l'horizon pour lequel il a été fait. Alors la procession des Panathénées se déroule librement dans notre imagination avec tout l'arrière-plan de civilisation que supposait sa pompe resplendissante; alors Achille et Agamemnon prennent corps dans notre esprit; nous les voyons, hommes comme nous, ayant nos ardeurs et nos révoltes, seulement un peu plus simples, un peu plus francs, parce qu'ils étaient plus près des origines insondables et que le sol qu'ils foulaient avait trois mille ans de moins.

L'antiquité reste toujours légendaire; nous avons peine à y croire. Il n'est pas donné à tous de venir ici prendre contact avec elle et entrevoir sa réalité sublime. Mais nous devons, autant qu'il est en nous, réagir contre cette tendance mauvaise à transformer le recul des âges en un décor de théâtre où les lointains sont simulés pour mieux accentuer le relief des premiers plans.

Si je vivais au temps de Périclès, je crois que j'aimerais l'Acropole ainsi, par un beau matin d'automne, hors de la pompe des grandes processions, dans le calme et la demi-solitude. Au lieu de ces trois Anglais qui, là-bas, se choisissent des presse-papiers parmi les débris de marbre, j'aurais sous les yeux la pure silhouette des jeunes Athéniennes faisant le service de Pallas. Quelque sacrifice isolé enverrait vers l'azur une fumée discrète, et sur la façade du temple, entre les métopes enluminées, les boucliers des Perses, glorieux trophée, scintilleraient au soleil....

*
* *

Il y a un des angles de l'Acropole d'où le regard et la pensée réalisent d'un coup d'œil la résurrection de la Grèce. La haute muraille, en cet endroit, domine le vide. Le Lycabète dresse tout en face son profil roux et, sur la gauche, par delà les monts déboisés, on aperçoit la sombre verdure des bois de Tatoï. Au pied du rocher, Athènes est groupée, vivante, gracieuse et jeune; il s'en dégage une impression de blancheur aveuglante, et bien rares

sont les ruines du passé éparses dans le tableau. Sur
la route de Kephissia, derrière le jardin Royal, il y
a les casernes et les champs de manœuvre; l'appel
des clairons y retentit gaiement. Au pied du Lycabète, les écoles étrangères sont assises; au sommet
du palais parlementaire, le drapeau blanc et bleu
flotte au vent de la liberté, et dans la plaine, des
maisons se construisent avec le marbre de l'inépui-
sable Pentélique, des maisons qui ont la forme carrée
et les classiques péristyles du vieux temps.

Cela, ce n'est pas l'œuvre de Phidias ni de Périclès; c'est l'œuvre d'Ypsilanti, l'organisateur de
l'Hetaira; c'est l'œuvre de Capo d'Istria, le président patriote, de Colocotronis, le vieux grognard
héroïque, de Coumoundouros, l'homme d'État austère
et sage. Et cette œuvre déconcerte les historiens qui
l'étudient. Jamais entreprise d'une pareille audace,
conduite avec de plus faibles moyens et dans des
circonstances plus défavorables, n'a réussi pareille-
ment!....

.*.

Le monde ne savait plus qu'il y eût des Grecs!
Quand les hommes d'État l'apprirent, ils eurent un
sourire de dédain et mirent leur lorgnon pour mieux
voir l'étonnant spectacle. Cette prétention de se dire
les héritiers des Spartiates et des Athéniens leur
parut une délicieuse bouffonnerie. Cependant la guerre
éclatait, secrètement préparée depuis bien longtemps
par les émissaires de l'Hetaira : sous prétexte de

commerce, ils s'en étaient allés prêcher la révolte partout où il y avait du sang ou de l'or prêts à se répandre pour la délivrance de la patrie : et derrière eux ils laissaient comme mot d'ordre ce dilemne que tous acceptaient : la liberté ou la mort.

Le 24 mai 1821 la Grèce nouvelle cueillait à Valtetzi ses premiers lauriers et, bientôt après, Colocotronis s'emparait de Tripolitza. En Europe, les âmes libérales s'émurent : mais on en était à une période de réaction contre les idées émancipatrices de la Révolution française; les rois n'ambitionnaient d'autre rôle que celui de gendarmes de leurs peuples et le seul mot de révolte les faisait trembler. Les Autrichiens ravitaillaient les Turcs; le lord commissaire des Sept-Iles persécuta les Ioniens qui se déclaraient pour leurs frères hellènes. En France, M. de Villèle demandait sottement « quel grand intérêt on pouvait prendre à cette localité », et M. de Salaberry, très grave, publiait de grotesques considérations sur la légitimité du joug ottoman. Si les dévouements individuels d'un Santa Rosa, d'un Fabvier, d'un Lord Byron consolaient les Grecs et entretenaient leurs courages, cette indifférence ou cette hostilité de l'Europe officielle leur causaient de cruelles déceptions.

Ils ne se résignaient pas à y croire et multipliaient leurs appels. Au Congrès de Vérone, ils avaient envoyé une mission qui fut indignement traitée. « Le Congrès ne voulut même pas recevoir la supplique que les représentants des révoltés avaient l'impertinence de lui soumettre. Il leur fut interdit d'entrer dans la ville et l'on pria le pape de les chasser d'Ancône [1]. »

Un instant ils perdirent l'espoir. Le sultan appelait à son aide les bataillons égyptiens, organisés et commandés par des officiers français et, à leur tête, le fils de Mehemet-Ali entrait en campagne. On était en 1825 : depuis quatre ans la lutte se poursuivait et les gouvernements, impassibles, la regardaient se dérouler, inégale et cruelle.

Ibrahim était un adversaire redoutable : la fortune des armes changea. Les Grecs furent battus, mais ils reculèrent pied à pied, livrant un à un leurs champs dévastés, abandonnant une à une leurs maisons détruites, continuant néanmoins d'en appeler à l'Europe d'une voix de plus en plus pressante, de plus en plus mourante aussi.

Finalement, l'opinion publique indignée eut raison des gouvernants : des comités privés s'étaient formés, qui prenaient en main la cause de la justice et du droit.

Et puis, surtout, les Russes étaient sur le point d'intervenir seuls. La jalousie et l'intérêt obtinrent ce pour quoi le libéralisme et la pitié sont impuissants. Un premier traité fut signé entre la Russie, la France et l'Angleterre le 6 juillet 1827.

L'Autriche continuait à considérer les Grecs comme les « sujets insurgés » du sultan. Les massacres de

1. D. BIKELAS, *la Grèce byzantine et moderne.*

Chios, de Constantinople et de Cydonie ne l'émou-
vaient point, et la Prusse imitait sa réserve. Il est à
remarquer d'ailleurs que personne, parmi les hommes
d'État, n'admettait encore l'éventualité de l'indépendance grecque. On se proposait d'ériger le pays en une
ou plusieurs principautés tributaires de la Turquie.

Si discrètes que fussent les stipulations du traité
du 6 juillet, elles obligeaient néanmoins les puissances signataires à arrêter l'effusion du sang entre
les belligérants. La Turquie résista, et il fallut détruire
sa flotte à Navarin. Battue à nouveau par la Russie
elle signa, en 1829, le traité d'Andrinople par lequel
elle accédait aux conventions de 1827.

*
* *

Le 3 février 1830, les puissances reconnaissaient
formellement l'indépendance de la Grèce. Il avait
bien fallu en venir là. « La liberté ou la mort » était
demeuré jusqu'au bout le mot d'ordre immuable des
Hellènes. La suzeraineté du sultan, ils n'en voulaient
à aucun prix. Plutôt continuer la lutte et périr!

On leur octroya la liberté. Il restait, pour en jouir,
six cent mille Grecs; pour l'obtenir, trois cent mille
avaient donné leur vie.

*
* *

« Nous rentrâmes ici, me dit le colonel M*** qui,
accoudé avec moi au parapet rugueux, contemple du
haut de l'Acropole le panorama d'Athènes, et je me
souviens que ma mère pleura en retrouvant sa

demeure en si triste état; les murs étaient percés, les plafonds tombaient, tout avait été saccagé.... Mais il y avait aussi de la joie dans ces larmes, et bien que tout cela soit perdu dans le lointain de ma première enfance, il me semble que je la ressens encore, cette joie qui éclatait partout autour de nous. Jamais, sans doute, on ne vit des ruinés si heureux. Une belle aurore était devant nous et l'espérance gonflait nos poitrines.... La première maison était en plâtras; nous l'avons rebâtie en cailloux, et celle-ci, maintenant, est en pierre et en marbre... »; et son doigt désigne, à l'angle d'une rue, une blanche muraille sur laquelle tremble au vent la fraîche verdure des poivriers.

* *
* *

On dirait que, dans cette question d'Orient dont les têtes, comme celles de l'hydre, repoussent à mesure qu'on les tranche, on dirait que l'Europe a pris à cœur de ne jamais faire à temps ce qu'il convenait de faire et d'arriver comme les carabiniers d'Offenbach « toujours trop tard ». Que de maux eussent été évités si, poursuivant les conséquences logiques de l'acte du 3 février 1830, les grandes puissances avaient rendu à elle-même la Grèce tout entière au lieu d'en laisser une portion aux mains des Turcs. Quand le prince Léopold, élu roi des Hellènes, se fut rendu compte de l'intolérable avenir que l'on préparait à son peuple d'adoption, il préféra démissionner, ne voulant pas « attacher son nom,

dans l'esprit des Grecs, à la mutilation de leur patrie
et à l'abandon de ceux de leurs frères qui, ayant
combattu avec eux pour l'affranchissement national,
s'en voyaient maintenant exclus ». — « L'exclusion de
la Crète, écrivait-il encore, estropie l'État grec phy-
siquement et moralement; elle le rend faible et
l'appauvrit. »

C'est alors que le 13 février 1833, sur la proposition
de la France, le prince Othon de Bavière, fils du roi
Louis, fut élu au trône hellène; il s'en vint régner
« sur un pays condamné d'avance à s'épuiser dans
les efforts d'une expansion inévitable qui ne pouvait
qu'entraver l'œuvre de son développement intérieur ».

*
* *

Depuis ce jour, l'Europe a trahi les espérances
hellènes en toute circonstance. Elle a vu les Crétois
s'insurger contre la tyrannie ottomane, une première
fois en 1840, une seconde fois de 1866 à 1868, et sur
eux elle a laissé retomber le joug barbare et pesant
de l'Islam. De 1854 à 1857, la France, installée mili-
tairement au Pirée, a comprimé des élans russophiles
qui gênaient sa politique d'aventures. Pendant la
guerre turco-russe de 1877, Coumoundouros n'a osé
qu'une démonstration tardive et discrète et on ne lui
a su aucun gré de sa sagesse; lorsque le Congrès
de Berlin eut enfin sanctionné l'abandon à la Grèce
de la Thessalie et d'une moitié de l'Épire, l'obstina-
tion turque s'exerça si bien que la décision du tri-
bunal européen ne fut pas exécutée et de guerre

lasse, en 1883, on dut accepter à Athènes une insi-
gnifiante rectification de frontières. Dans cette longue
série de déceptions, un seul rayon de soleil s'est glissé
inopinément. A l'avènement du roi Georges, l'Angleterre a laissé les sept Iles Ioniennes rentrer dans le
giron national. Corfou et ses sœurs sont redevenues
grecques à l'heure où le jeune monarque montait
plein de confiance sur un trône déjà ébranlé.

*
* *

C'était une silhouette originale et suggestive, celle
du triumvirat qui prit en main le gouvernement pro-
visoire après la déchéance du roi Othon : l'amiral
Kanaris, en redingote européenne, Boulgaris, avec
son costume oriental et son fez, Roufos, vêtu de la
fustanelle populaire. On conte que pour ne pas mar-
quer entre eux une préséance quelconque, ils avaient
coutume de s'en aller tous les trois, serrés sur la
banquette d'arrière de leur voiture commune : vivante
représentation de leur pays, lequel avait encore plusieurs costumes et même plusieurs langues, mais une
seule ambition et une seule âme. La Grèce moderne
vivait encore dans les habits du passé : son cœur du
moins était libre; elle ne l'avait pas donné au roi
Othon; non qu'il fût dépourvu de zèle et de bonne
volonté, mais la lourdeur bavaroise de son entourage
révoltait la gracieuse légèreté athénienne, et l'on
sentait confusément que celui-là ne serait pas le pro-
priétaire définitif.

Elle le donna au roi Georges et fit bien. Trente-

deux ans ont passé depuis lors et elle ne l'a pas
repris.

*
* *

Un pays qui ne connaît ni question religieuse, ni
question dynastique, ni même deux manières d'envi-
sager son avenir, devrait logiquement compter parmi
les plus fortunés. Mais le gouvernement des démo-
craties modernes n'est point logique; il est, par certains côtés, très artificiel et a des conséquences étrangement paradoxales. Faute d'idées et de faits pour
l'alimenter, la politique grecque est devenue une
question de personnes. L'opinion s'est émiettée en
une foule de partis. Ajoutez à cela cette tendance
à la complication qui est une des caractéristiques de
l'âme athénienne, et vous comprendrez comment les
problèmes les plus simples ont pu s'embrouiller. Par
excès d'infortune, sous la poussée d'un radicalisme
momentané, la Constitution votée en 1864 devançait
l'éducation politique du pays; elle ne créait point ce
rouage modérateur dont nous avons pu, en France,
apprécier le mérite, la Chambre haute. Je sais bien
que le Sénat hellène de 1845 avait joué un rôle néfaste
et contribué fortement à la chute du roi Othon, mais
ce n'était pas un motif pour s'en passer tout à fait
et laisser le souverain seul en face d'une Chambre
unique.

Et puis, les hommes d'État qui se sont succédé en
Grèce depuis cinquante ans, n'ont jamais cherché
qu'une chose, à *occidentaliser* la Grèce.

L'occidentaliser, c'est-à-dire l'arracher à ce rêve

impérial dont elle a vécu pendant les siècles d'escla-
vage, qui a soutenu son courage aux heures d'angoisse, qui l'a doucement hypnotisée pendant sa con-
valescence et qui demeure, envers et contre tous, son
principal motif de travailler et d'aimer la vie. L'occidentaliser, c'est-à-dire la forcer à s'asseoir parmi des
étrangers qui ne la comprennent pas, l'obliger à
prendre parmi les nations la dernière et la plus petite
place, et torturer l'esprit de ses fils pour y éteindre
les grandes lueurs empourprées et y allumer les
petites flammes mesquines de nos conventions rou-
tinières.

Il y avait un meilleur usage à faire de la liberté;
et vraiment les raisins secs et les crises ministérielles
ne pouvaient contenter des Hellènes dont le sol recé-
lait les splendeurs du génie antique et dont l'histoire
est tissée de pensées grandioses et d'ambitions sans
bornes. Pourquoi ont-ils laissé à d'autres le soin
d'exhumer et de classer ces chefs-d'œuvre et pourquoi,
aujourd'hui encore, leurs annales renferment-elles
tant de lacunes? Pourquoi reste-t-il tant de chapitres
à écrire, tant de documents à analyser?... Les fonda-
teurs du royaume en eurent comme l'intuition lorsqu'ils prirent Athènes pour capitale : Athènes isolée
et ruinée au lieu de Patras, que leur conseillait l'Europe, à cause de sa belle situation sur le golfe et de
son avenir commercial. Mais il fallait mener l'idée
jusqu'au bout et remettre l'avenir, sans hésitation ni
réserve, aux mains divines des lettres et des arts.

À l'ombre des murailles de son université qui pouvait devenir, en vingt ans, la première du monde,

le peuple athénien aurait attendu, dans une paix
joyeuse, entouré de la considération et du respect de
l'univers, l'accomplissement des destinées en lesquelles il a foi.

.*.

Si vous gagnez, au sortir d'Athènes, les premiers
contreforts de l'Hymette, et que vous suiviez une
route pierreuse que coupent çà et là des ravins dessé-
chés, vous atteignez en une heure de marche le petit
monastère de Kæsariani où la Grèce byzantine revit
en un tableau imprévu et charmant; une oasis est
accrochée aux flancs de la montagne, à l'extrémité
d'un vallon étroit et dénudé. Partout ailleurs, des pins
maigrelets, des roches grises et de la terre rouge; là,
une herbe fine, une source fraîche qu'ombragent
deux grands platanes et une armée de gros oliviers
tordus par les ans. Ils dissimulent aux regards la
silhouette grise du monastère. L'enceinte est intacte;
au-dessus des murs, des cyprès noirs s'élancent en
flèches tristes, serrés les uns contre les autres, impri-
mant à ce lieu une mélancolie intense; l'étroitesse du
vallon empêche la lumière du jour d'y donner tout
son éclat; on dirait un monde inférieur que n'éclaire-
raient plus que les traînées pâles d'un soleil mourant. La vieille porte vermoulue tourne en gémissant
sur ses gonds; dans la cour, l'herbe monte entre les
dalles disjointes; des terrasses se superposent, des
galeries et des escaliers s'enchevêtrent : tout cela très
ruiné, très effrité, très pauvre. Les seuls indices de
force et de vigueur proviennent d'un temple romain

qui exista en cet endroit et dont quelques colonnes de marbre subsistent encastrées dans les plâtras byzantins. Dans l'église, il y a des fresques très anciennes, de grandes figures irritées de prophètes ou d'apôtres et quelques guirlandes séchées provenant du dernier pèlerinage....

* *

Au retour, il semble qu'on remonte vers la lumière, surtout quand le Parthénon apparaît au loin flottant dans une poussière d'or, entre le ciel et la terre. Cette vision radieuse emplit l'horizon; le contraste est saisissant entre le petit monastère obscur et le temple éblouissant! Et pourtant les Grecs peuvent hésiter dans le partage de leur reconnaissance.... Si l'Acropole symbolise leur merveilleux passé, la profondeur insondable et mystérieuse de leur génie créateur, l'humble chapelle a gardé pendant des siècles le feu sacré de l'existence nationale. Les prêtres médiocres et ignorants qui y ont chanté leurs mélopées débiles et chevrotantes étaient les dépositaires de cet héritage triomphal et ont veillé, jaloux, à sa conservation.

Toute la Grèce en est semée de ces petites églises; parfois, en fouillant le sol, on en retrouve trois superposées; elles se sont succédé de plus en plus petites, de moins en moins ornées, parce que les fidèles qui les ont bâties devenaient pauvres et souffraient la persécution de l'Islam!... Quand on songe à cela, on comprend le respect ému avec lequel certains Hellènes d'aujourd'hui, qui ont touché à toutes les sciences et ont gravi tous les sommets, embrassent les mains du prêtre resté, lui, dans sa sphère inférieure : touchant hommage rendu à ce clergé auquel on doit d'avoir entretenu dans les âmes hellènes le souvenir et l'espérance.

LETTRES OLYMPIQUES

I

Athènes, 26 mars 1896.

Le printemps athénien est double, cette année. Il réchauffe, à la fois, l'atmosphère éclaircie et l'âme populaire. Il fait pousser entre les dalles du Parthénon les fleurettes odorantes et sur les lèvres fières des Palikares pose un sourire satisfait. Le soleil brille et les Jeux Olympiques sont proches. Plus rien ne subsiste des craintes, des ironies de l'an passé. Les sceptiques se sont tus; les Jeux Olympiques n'ont plus d'ennemis.

On a mis en vente des drapeaux français, russes, américains, allemands, suédois, anglais..... La brise de l'Attique soulève joyeusement leurs plis légers et les hommes en fustanelle qui flânent devant les pittoresques étalages de la rue d'Hermès se réjouissent à ce spectacle; ils savent que « l'univers va venir » et approuvent les préparatifs que l'on fait pour le bien

recevoir. Ces préparatifs sont multiples. Partout on
gratte les marbres, on remet du plâtre neuf et de la
peinture fraîche, on pave, on nettoie, on décore. La
rue du Stade est en grande toilette avec son arc de
triomphe et ses mâts vénitiens. Mais ce n'est plus la
promenade favorite. L'intérêt est ailleurs : sur les
bords, jadis dédaignés, de l'Ilissus. Chaque soir, vers
cinq heures, les citoyens s'en viennent, en longue
théorie, donner aux travaux du Stade le coup d'œil du
maître. L'Ilissus est sans eau, comme d'habitude; on
ne s'en aperçoit plus. Un pont monumental enjambe
maintenant le ruisseau célèbre et donne accès au
terre-plein sur lequel ouvre le Stade restauré.

L'enceinte du Stade produit une impression intense
qui s'avive encore par la réflexion. Voilà donc le
tableau que les grands ancêtres ont tant de fois contemplé! Il était *sorti de nos yeux*. Nous sommes, à ce
point, déshabitués de voir une telle construction
et ses lignes nous sont si peu familières qu'elle
nous surprend tout d'abord et nous déconcerte. La
silhouette du temple grec ne s'est jamais perdue; les
portiques et les colonnades ont connu vingt renais-
sances. Mais les stades étaient morts en même temps
que l'athlétisme. On en savait les particularités archi-
tecturales; jamais elles n'avaient été restituées. Un
stade *vivant* ne s'était point vu depuis des siècles.
Encore quelques heures et celui-ci vivra de cette vie
collective que prête aux monuments la foule qui les
emplit. On la verra de nouveau monter les escaliers,
se répandre le long des gradins, s'amasser dans les
passages; foule bien différente, sans doute, de celle

qui, pour la dernière fois, pénétra dans un stade semblable, animée pourtant par des sentiments analogues, par une même sympathie pour la jeunesse,
par un même souci de la grandeur nationale.

Il y a place pour 50 000 spectateurs environ. Mais
une partie des gradins est en bois, le temps ayant
manqué pour tailler assez de blocs de marbre et
les mettre en place. Après les jeux, la construction
s'achèvera, grâce aux inépuisables largesses de
M. Averoff; des quadriges de bronze, des trophées,
des colonnes viendront interrompre la monotonie un
peu sévère des lignes. La piste centrale n'est plus
poussiéreuse, comme jadis; c'est une piste cendrée
établie selon les dernières données de l'art moderne
par un homme du métier venu d'Angleterre. Tout
porte à croire qu'elle sera désormais jalousement
entretenue par les Hellènes. Car — c'est un fait inté-
ressant, — dans ce pays, où les exercices du corps
ne comptaient plus d'adeptes, où quelques Sociétés
d'escrime et de gymnastique de formation récente
avaient tant de peine à recruter des adhérents, il a
suffi de parler des Jeux Olympiques pour créer des
athlètes. Les jeunes gens ont, subitement, pris conscience de la vigueur et de la souplesse emmagasinées dans la race; leur ardeur a été si généreuse,
leur entraînement si persévérant que les concurrents
étrangers trouveront en eux des rivaux improvisés
aussi redoutables que des vétérans.

Déjà les Hongrois sont arrivés; on leur a fait une
réception enthousiaste : des harangues ont été
échangées; la musique a joué. Ces jours-ci, les Alle-

mands sont attendus, puis les Américains, les Suédois…. La nouvelle que le Conseil municipal de Paris
a voté une subvention aux délégués français nous est
parvenue au moment même où il y avait séance du
comité des Jeux au palais du prince royal. Le prince
s'est félicité de savoir que la participation de la
France était désormais assurée. Nos représentants,
malheureusement, ne prononceront pas encore le
grec à la moderne; M. Combes est venu trop tard!

II

Athènes, 5 avril 1896.

L'approche des Jeux Olympiques n'a fait, cette
année, qu'ajouter à l'habituelle gaieté de la semaine
sainte athénienne. Les drapeaux innombrables qui
tombent des fenêtres, les guirlandes de feuillage qui
s'entrelacent au croisement des rues, semblent célébrer la fin du carême en même temps que la venue
des étrangers et, dès le soir du vendredi saint, il s'est
trouvé quelques propriétaires impatients qui ont illu-
miné leurs façades.

Le vendredi saint donne ici l'impression des
réjouissances prochaines bien plus que du funèbre
mystère qu'il commémore chez nous. La foule, vêtue
de noir, qui parcourt la ville, n'a rien d'attristé. On
se demande pourquoi, sur les monuments publics, le
pavillon national est en berne, pourquoi la flotte et
l'armée sont en deuil; les cloches des églises emplis-

sent l'air de sons stridents bizarrement scandés; cette
cacophonie ne rappelle nullement le tombeau; elle
évoque plutôt l'image de quelque barbare triomphe.
De petites boutiques en plein vent sont établies dans
les carrefours; les portraits de la famille royale
encadrés de verdure leur servent d'enseigne; on y
vend des cierges dont chacun fait provision. Par
centaines circulent des agneaux noirs et blancs con-
duits par des bergers palikares, le teint bronzé, l'œil
fier, artistement vêtus de tuniques déchirées. Ceux
qui marchandent ces agneaux les palpent, les secouent
durement et puis les emportent sur leurs épaules
pour le repas pascal.

Le soir, à neuf heures, ont lieu les processions, les
« Épitaphes », comme on les nomme. Chaque
paroisse a la sienne. Elles se répandent par les rues,
se dirigeant vers la place de la Constitution qu'elles
traversent tour à tour. En tête viennent la croix, les
porteurs de bannières et des troupes d'enfants chan-
tant à plein gosier des *Kyrie eleison*. Une mélopée
singulière qui semble monter des profondeurs du
passé alterne avec ces litanies populaires; il s'en
dégage comme une lointaine impression de mort et
d'exil; les Israélites captifs à Babylone devaient
chanter ainsi; mais cette impression est fugitive et
le bruit reprend, le bruit d'une grande masse d'êtres
humains qui ont un motif de se réjouir et font de
vains efforts pour comprimer leur allégresse. Des
pétards éclatent; çà et là, des flammes de Bengale
s'allument, des fusées s'élancent, tandis que défilent
avec leurs vêtements brochés d'or et leurs sombres

coiffures les prêtres à grande barbe, lents et majestueux. Sur deux rangs vont les soldats, l'arme ren-
versée, mêlés à la foule des fidèles qui tiennent des
cierges allumés. Une odeur pénétrante de cire et
d'encens s'élève jusqu'aux balcons des hôtels et des
maisons particulières où les curieux sont entassés,
tenant aussi de petits cierges qui pointillent d'or la
nuit bleue; on dirait que les constellations du ciel
sont descendues parmi les hommes. Et les *Kyrie eleison*
se perdent dans le lointain tandis qu'approchent
les musiques militaires. Elles jouent des marches
funèbres, mais trop vite, trop fort, avec trop d'entrain; les accords mineurs veulent devenir majeurs
comme si le triomphe se préparait sous la mort,
comme si la résurrection poussait déjà la pierre du
sépulcre où le Christ est à peine enseveli, et l'on
s'attend à ce qu'une fanfare éclatante vienne soudain
annoncer la délivrance suprême.

A peine trente-six heures et l'aube de Pâques se
lèvera; mais le peuple grec est incapable d'attendre
jusque-là; il passe l'après-midi du samedi saint dans
une liesse croissante et, pour la seule fois de l'année
peut-être, voit avec plaisir les lignes pures du Parthénon s'effacer avec le jour qui fuit. Cette nuit-là
ne ressemble point aux autres; elle apporte une pro-
messe d'éternité.... A onze heures, la rue d'Hermès
est envahie; les troupes font la haie; tout est noir
et relativement silencieux; les Athéniens glissent
comme des ombres vers leurs églises; mais le contraste est voulu; ce silence et ces ténèbres rendront
plus brillantes les illuminations, plus joyeuses les

clameurs dont le douzième coup de minuit va donner le signal.

Sur la place de la Métropole, plus de 20 000 personnes sont réunies, une estrade est dressée. A la lueur tremblotante de quelques fanaux, on entrevoit sur cette estrade des armes qui scintillent, de brillants uniformes, une sorte d'autel sur lequel reposent des flambeaux d'or. Les voitures de la cour ont amené les princes, presque sans bruit, et autour d'eux s'échangent à voix basse des saluts discrets. On se croirait transporté dans les régions d'en dessous qu'éclaire un vague reflet du jour, qu'anime un semblant de vie. Tous les regards sont fixés sur la grande façade blanchâtre qui domine la place. On attend que la cathédrale d'Athènes ouvre ses portes.

Minuit sonne! Les portes tournent sur leurs gonds. La nef apparaît inondée de lumière; la lumière s'échappe, se répand sur la place où soudain tous les cierges s'allument. Chacun tenait le sien caché contre son vêtement et voici que des clartés naissent dans les plus obscurs recoins, aux fenêtres des maisons, sur les toits en terrasse et jusque dans les tours d'où les cloches répandent au loin la bonne nouvelle. Le Christ est ressuscité!

III

Athènes, 9 avril 1896.

La « grande semaine » est commencée. Lundi dernier le roi Georges et la reine Olga sont entrés dans le Stade, aux sons des musiques qui jouaient l'hymne grec, cette harmonie en laquelle semblent se fondre les énergies du Nord et les douceurs de l'Orient. La reine était vêtue de blanc : le roi portait l'uniforme. Quand il eut pris place au fond de l'hémicycle dans son fauteuil de marbre, il fut harangué par le Prince Royal. Alors, se levant, il proclama l'ouverture de la première olympiade. Des chœurs montèrent aussitôt vers l'azur prolongeant, en quelque sorte, cette minute solennelle et lui donnant sa véritable signification historique. Les modes ont bien des fois varié depuis deux mille ans : la musique est demeurée ce qui traduit le mieux l'émotion d'une foule, ce qui accompagne le mieux l'ampleur d'un grand spectacle. Tout ce que les assistants devaient éprouver à l'inauguration du Stade, l'artiste grec Samara avait su le prévoir; sa mélodie l'exprimait admirablement. L'ode olympique symbolisa l'allégresse populaire, ratifiant les paroles graves échangées entre le souverain et son fils. On voulut l'entendre une seconde fois et les applaudissements qu'elle souleva, se mêlèrent à ceux qui saluèrent l'entrée des athlètes. Ils débouchèrent de ce même souterrain, sous lequel avait disparu jadis la silhouette du dernier concurrent chassé par la décadence et maudit par l'Église. Ce jour-là, sans doute, il faisait morne dans le Stade; entre les marbres l'herbe poussait déjà; les spectateurs étaient clairsemés : quelques humbles, de ceux qui n'ont rien à perdre, venus pour protester contre les tendances nouvelles et affirmer leur attachement inébranlable aux traditions. Peut-être même la réunion fut-elle dispersée brutalement au nom d'une loi barbare, par une police mercenaire.... Comment ne pas songer à cela en voyant les marbres neufs, les spectateurs innombrables, les officiers aux brillants uniformes, et, pittoresquement réunies par le hasard, les coiffures tronquées des prêtres grecs, la soutane liserée de violet de l'archevêque d'Athènes et la robe blanche du Père Didon. Une seule chose est absente, que le monde civilisé ne sait plus produire, la couleur. Ni les toilettes claires des femmes, ni les galons dorés des militaires ne parviennent à rompre cet ensemble désespérément sombre où le noir domine. Ailleurs, nous n'y prendrions pas garde. Du reste, l'athlétisme moderne tient plus volontiers ses assises dans l'herbe et le feuillage : la couleur est fournie par la nature. Les organisateurs y aident en multipliant les pavois et les oriflammes, en drapant de pourpre les tribunes. Dans ce cadre où l'assistance se meut à l'aise, le drap des jaquettes et le feutre des chapeaux n'attirent pas le regard. Ici, au contraire, la ligne géométrique des gradins se prolonge indéfiniment, et ceux qui s'y entassent s'immobilisent les uns les autres.... Voilà qui n'était pas prévu et a causé à certains d'entre nous un instant de désillusion.

Au Vélodrome, surprise inverse. De la plaine, où il est établi, on découvre le Parnès, le Pentélique et l'Hymette; l'Acropole pointe par-dessus les villas du nouveau Phalère; le plus fin-de-siècle de tous les sports occupe ainsi le premier plan dans le plus classique des paysages. C'était un contraste redouté : la bicyclette au pied de Parthénon ! Que de fois n'a-

t-on pas jeté ces mots, d'un accent pénétré, comme
l'argument suprême contre la modernisation des Jeux
Olympiques. Il ne paraît pas, à présent, que personne
en soit choqué. Jouer au lawn-tennis devant le Colisée
ou passer en automobile sous l'arc de Titus, voilà qui
causerait une désagréable impression : les monuments
romains datent; ils ont un âge. Le Parthénon n'en
a point, il est de tous les temps : aucune manifestation de la vie populaire ne le dépare.

La famille royale est infatigable; elle a occupé
au Vélodrome la jolie « loge » aménagée pour elle :
une plate-forme surélevée qu'encadre une balustrade
en fer forgé et qu'orne un pavé de mosaïque. Avant-
hier le roi a présidé le concours d'escrime dans la
rotonde du Palais du Zappion et hier la reine a ouvert
le concours de tir, en perçant le première cible à
l'aide d'un fusil enguirlandé de fleurs. Ce sera bientôt
le tour des sports nautiques : la natation aura lieu
dans cette charmante et minuscule baie de Zéa vers
laquelle les maisons neuves du Pirée descendent en
foule étageant leurs balcons et leurs terrasses ornées
de pampres; jamais nageurs n'auront eu, pour
déployer leur vigueur, cadre plus gracieux. Pour
abriter les embarcations et mettre à portée des
rameurs tout le confort d'un club anglais, un pavillon
a été construit dans la baie de Munichie. Non loin de
là sont les ruines d'un temple et, derrière la colline,
quelques vestiges des *longs murs* se voient encore, à
demi enfoncés dans le sable; sur un promontoire
s'élève la villa de Coumoundouros, séjour préféré du
grand ministre. L'histoire du peuple grec se présente

en raccourci dans ce repli de ses rivages. Ici, l'athlétisme mène à l'histoire, quoi qu'on fasse ; mais le
passé continue si complètement le présent que de tels
rapprochements ne surprennent que les étrangers.

IV

Athènes, 12 avril 1896.

Les triomphes des « barbares » dans les concours
olympiques sont en général très galamment acceptés
par l'assistance. A l'entrée du Stade, bien en vue, il y
a un mât au pied duquel on affiche, après chaque
épreuve, le numéro d'ordre du vainqueur, tandis
qu'au sommet monte le drapeau de son pays. C'est
une idée ingénieuse qui résume et souligne le caractère international des Jeux. On a vu flotter tour à tour
à cette place d'honneur les couleurs des grandes
nations européennes; mais ce qu'on y a vu le plus
souvent, c'est le joyeux pavillon étoilé des États-Unis.
C'était justice; car les Américains furent les premiers
à s'éprendre de notre œuvre et les seuls à ne jamais
douter de sa réussite. Les deux équipes qu'ils
ont envoyées ont marqué, dès l'abord, leur valeur
athlétique, et surtout la supériorité de leur entraînement. Déjà les Athéniens, émerveillés, criaient au
professionnalisme; ils ne pouvaient croire que ces
beaux jeunes gens aux muscles si dociles fussent des
étudiants, pressés de retourner à leurs études et
modestement ravis d'avoir accru le prestige de leurs
Universités.

Quand le drapeau américain se déploie dans le Stade, il se passe d'étonnants charivaris. Tout en haut, massés sur les derniers gradins, des matelots se lèvent en agitant leurs bérets et en poussant de frénétiques hourrahs; c'est l'équipage du croiseur fédéral *San Francisco*, en ce moment ancré dans le port du Pirée. Puis tout en bas, le long de la piste, il y a un groupe d'où partent d'inhumaines clameurs; ce sont les équipiers et leurs amis de l'École américaine d'Athènes qui saluent le champion par le cri de ralliement de son club ou de son collège. Chaque Association transatlantique a un cri distinctif, formé le plus souvent par les syllabes de son nom ou par ses initiales qu'on profère, en les scandant. Matelots et étudiants que rapproche, à travers la foule, la vibration d'un même patriotisme se répondent ainsi avec un enthousiasme croissant. On commence par en rire, puis on applaudit, parce qu'on sent la joie sincère, l'entrain juvénile percer dans ces manifestations inharmonieuses.

Les Jeux Olympiques ne sont point le premier contact entre l'Amérique et la Grèce; il y a entre elles d'autres liens que ceux du billet Cook, d'autres rapports que ceux des « globe trotters » avec les terres lointaines. Plus peut-être que les Européens, les Américains lettrés considèrent le pèlerinage à l'Acropole comme la satisfaction suprême que doit se procurer tout esprit éclairé, comme la source la plus abondante des perfectionnements intérieurs. Ils ne sont pas emprisonnés, eux, sous les ruines de l'empire romain si pesant et si compliqué; ils comprennent plus facilement que nous l'organisation aérienne de cette démocratie antique avec qui la leur présente plus d'une ressemblance. C'est sous l'empire de cette impression qu'ils ont fondé à Athènes une école d'archéologie. Le fait est assez peu connu et l'on ne paraît pas se rendre compte de sa portée; elle est cependant considérable. Cette colonie américaine établie sur les flancs du Lycabète, entretenue par les dons volontaires des citoyens, uniquement adonnée à la culture de la science, ouvre sur l'avenir des États-Unis des perspectives infinies.

Les Grecs qui aiment les Américains et s'en savent aimés ont donc applaudi de bon cœur à leur succès; ils ont même souri à cet étudiant de Princeton qui s'est improvisé discobole et s'est adjugé un prix auquel ils se croyaient des droits héréditaires. Mais leur déception eût été immense si la coupe offerte par M. Michel Bréal au « coureur de Marathon » leur avait échappé. Ils n'ont pas eu à subir cet échec. C'est un Grec qui est entré le premier dans le Stade, ayant accompli en deux heures cinquante-cinq minutes les 42 kilomètres qui séparent Athènes de Marathon. L'arrivée a été émouvante. Le Stade était comble. La pittoresque colline qui le surplombe du côté de la mer était, elle-même, couverte de monde; il y avait là, pour le moins, 60 000 spectateurs. Dans l'hémicycle, se tenaient le roi de Grèce, le roi de Serbie, le grand-duc Georges, l'archiduchesse Thérèse, la princesse royale de Grèce, les ministres et le corps diplomatique. En un clin d'œil, dès que l'approche du vainqueur a été signalée, toute cette mul-

titude s'est mise debout comme mue par un courant
électrique. Le tonnerre des acclamations a dû rouler,
à travers la plaine, jusqu'au pied du Parnès et réveiller dans leurs demeures souterraines les mânes des
ancêtres; car ce n'était point seulement l'acte accompli qui provoquait ces élans; c'était plutôt le souvenir
évoqué, toute leur glorieuse histoire repassant, avec
ce coureur, sous les yeux des Grecs. Alors, pour le
soustraire, lui, aux dangereux épanchements d'un
peuple en délire, le prince royal et son frère le prince
Georges l'ont enlevé dans leurs bras et l'ont emporté,
et l'enthousiasme est monté de nouveau, comme une
vague irrésistible, devant ce tableau superbe.

Le calme a été très long à revenir. J'ai vu, près de
moi, une dame détacher sa montre et l'envoyer en
cadeau au jeune héros du jour; un hôtelier patriote
lui a signé un bon pour 365 repas et un des gamins
qui cirent les chaussures au coin des rues s'est
engagé à prendre soin de ses bottes gratuitement.
Cela, c'est la note comique, mais combien touchante
si l'on va chercher au fond des cœurs le sentiment
qui dicte de pareilles offres. Tous ceux que j'ai vus
ce soir-là, même les plus railleurs, avaient participé
à l'émotion générale,... et notre distingué compatriote,
M. Charles Maurras, qui m'en avait voulu jadis
d' « internationaliser » le sport, s'est déclaré con-
verti : « Je vois, m'a-t-il dit — et cela est profondément juste, — je vois que cet internationalisme-là
ne tuera pas les patries, mais les fortifiera! »

V

Athènes, 15 avril 1896.

Quand les Grecs jadis se rassemblaient en quelqu'un de leurs sanctuaires renommés pour assister
à ces fêtes grandioses dont la périodicité embellissait
les étapes de leur existence, il est advenu sans doute
que dans leurs rangs la mort a frappé inopinément;
pour elle, il n'y a ni délai ni trêve. Peut-être celui
que les Dieux retiraient ainsi de ce monde, en pleine
période de paix et d'allégresse, était-il quelque grand
citoyen auquel n'avaient manqué ni les satisfactions
de la popularité ni les amertumes de l'exil. Et alors,
j'imagine que dans ces sites sacrés où sur les choses
mêmes passait comme un reflet d'immortalité, l'heure
de la justice sonnait pour le mort. L'unité de son
existence s'affirmait; les mobiles de ses actions, les
motifs de ses erreurs se dessinaient; ses amis se
réjouissaient de l'avoir compris; ses ennemis crai-
gnaient de l'avoir méconnu.

Je pensais à cela, l'autre soir, en regardant, de ma
fenêtre, Athènes illuminée, insouciante encore devant
la fin prématurée de Ch. Tricoupis. Une merveilleuse
retraite aux flambeaux faisait le tour de la place de
la Constitution. Les fanfares sonnaient, les drapeaux
des nations étrangères soulevaient sur leur passage
des acclamations; les flammes vertes et rouges brû-
lant de tous côtés incendiaient la façade sévère du
palais du roi devant lequel dansait le cortège fan-

tastique des lanternes vénitiennes. Derrière cette place envahie, par delà ces rues animées se trouvait une maison que la foule des solliciteurs emplissait, il y a dix-huit mois, dont la façade était maintenant silencieuse et le balcon drapé de noir. Quand les visiteurs seront partis et les lampions éteints, le vide qui s'est fait dans cette demeure s'étendra peu à peu et se fera sentir jusqu'aux frontières.... Et le souvenir du défunt, par une ironie du sort, va rester lié à celui de ces Jeux Olympiques dont il se montra l'adversaire irréconciliable....

C'est ce matin même qu'ils ont pris fin. La distribution des récompenses les a dignement clôturés. Le ciel redevenu clément épandait sur cette scène très simple d'éblouissantes clartés ; des pigeons, ornés de rubans aux couleurs hellènes, voltigeaient dans le Stade. L'appel se faisait en grec : on proclamait le nom du lauréat, celui de son pays et le détail de sa victoire : il paraissait alors sur l'estrade devant le souverain qui, souriant, le complimentait et lui remettait son prix. Chacun recevait un rameau d'olivier, un diplôme et une médaille, œuvre de Chaplain. Le célèbre artiste a gravé sur une face la silhouette du rocher de l'Acropole, avec les Propylées et le Parthénon : sur l'autre face Jupiter Olympien tenant en main l'image de la Victoire. Du dieu on ne voit que la tête, énorme et lointaine, à travers la double distance de l'espace et du temps ; devant elle se détache toute proche et très en relief la Victoire qui n'a pas d'âge et réside toujours parmi les humains.... C'est par excellence le prix « objet d'art » opposé au prix

« vénal » cher à bien des sportsmen. Jamais manifestation plus grandiose n'avait eu lieu en faveur de l'*Amateurisme*. D'ailleurs, ceux qui, dans les concours, reçoivent sans embarras les pièces d'or gagnées par leur endurance ou leur agilité, rougiraient, ici, de toucher cette monnaie. Dans ce cadre inoubliable, en présence des gloires écrasantes qui tombent de partout, ce paiement leur ferait horreur. Rien ne prouve mieux qu'ils sont dans le faux.

Le défilé n'était pas monotone; la simplicité républicaine des Américains, le respect discipliné des Allemands, la grâce aisée des Français s'inscrivaient dans les attitudes, dans les gestes, dans la manière de remercier. Même contraste au point de vue social : au paysan en fustanelle arrivé premier dans la course de Marathon succédait un capitaine de cavalerie primé dans le concours de tir; il y avait là des riches et des pauvres, des humbles et des haut placés. Le caractère démocratique était plus marqué encore l'autre jour, au déjeuner offert par le roi; tous ceux qui de près ou de loin ont participé aux Jeux Olympiques y avaient été conviés : en tout trois cents couverts. Lorsqu'Othon le Bavarois construisit, au centre de son palais, cette vaste salle d'une architecture un peu lourde mais imposante avec ses colonnes, ses caissons, ses tribunes, il ne prévoyait pas qu'elle pût servir jamais à de pareilles agapes. Les temps ont changé. On a vu, après le repas, le roi de Grèce causer familièrement avec ses invités, allant de préférence aux plus modestes, à ceux qui s'étaient le moins attendus à cet honneur.

Le succès définitif est à ce prix; pour que leurs destinées nouvelles égalent leurs destinées passées, il faut que les Jeux Olympiques soient profondément démocratiques — et rigoureusement internationaux.

VI

Patras, 24 avril 1896.

Départ pour le Péloponnèse : fuite ensoleillée à travers la grande plaine rouge d'Athènes, puis autour de la baie d'Eleusis, toute bleue et or. Le flot éternel qui recèle le secret des rites mystérieux, soupire avec mélancolie sur la plage ou bien sautille ironiquement sur les rochers. Et ce même mélange de mélancolie et d'ironie s'exhale des ruines, imprègne l'atmosphère, pénètre le voyageur et le suit jusqu'à la petite gare aux murs de plâtre où apparaît — inscription déconcertante — ce grand nom d'Eleusis dont le sens est perdu à jamais. Les caractères qui le composent ont la légèreté d'une dentelle : il semble qu'on va voir au travers et que tout va s'éclaircir soudainement. Mais l'esprit s'épuise en vain à percer les voiles qui sont tendus au delà. Ils sont en nombre infini, enroulés les uns dans les autres et ils deviennent de plus en plus opaques jusqu'à donner l'impression d'un cauchemar. Nulle solution ne satisfait, nulle explication ne convient. On voyait la procession des initiés se former dans la ville de Minerve, on suivait sa marche solennelle sur la voie sacrée, puis dans

le sauvage défilé où se dresse maintenant le monastère byzantin de Daphné, et voici qu'au moment où elle
va atteindre le sanctuaire de Demeter, elle s'évanouit
brusquement comme ces « intersignes » qui causent
de mortelles frayeurs aux marins bretons et qui, en
disparaissant, font entendre, dit-on, un éclat de rire
strident et moqueur. Cherchez, cherchez le secret
qui tourne autour des tronçons de colonnes, se cache
aux angles des terrasses, fuit sur la pente des escaliers, s'évade par les interstices du roc. Vous qui
avez su restituer des Acropoles, mettre des dates sur
les couvercles des sarcophages et des noms sur les
socles des statues, vous qui avez médité sur les vieux
textes et dont les déductions savantes ont comblé
des lacunes sans nombre, cherchez ce que veulent
dire ces grandes lettres noires devant lesquelles la
vapeur asservie déverse des curieux empressés qu'elle
recueille ensuite songeurs et déçus. En venant, chacun
d'eux avait son idée sur les prétendus mystères; en
repartant ils n'ont plus que l'incertitude. Il a suffi,
pour ébranler leur facile confiance, d'une heure
passée dans les décombres de marbre, à écouter le
flot et la brise qui savent, eux, et gémissent de ne
pouvoir parler.

Maintenant, le train longe une montagne dénudée.
Derrière l'île de Salamine que nous avons tournée,
l'Hymette apparaît, très loin, dans une vapeur molle.
De grandes barques de pêche, à voiles triangulaires,
couleur de sang, flottent sur l'eau bleue. Comme le
vent est tombé, ceux qui les montent ont pris les
avirons et rament, demi-nus, d'un mouvement sac-

cadé et bref, semblables aux marins des trirèmes antiques.

Le train s'élève lentement sur une pente sablonneuse semée de broussailles grises et traverse la fente longue de 6 kilomètres qui entaille l'isthme de Corinthe : encaissé dans les sombres parois, le canal semble un mince ruisseau, incapable de porter le moindre navire. Corinthe passe, dominé par sa haute montagne revêche et imprenable; à droite s'étend le golfe, assombri par de grosses nuées qui traînent à sa surface, désorientées; elles ont été poussées là par quelque tempête venue de l'Adriatique et qui, subitement, s'est calmée. Le Parnasse au front neigeux découpe dans le ciel et reflète dans les eaux un triangle éblouissant. Les vignes apparaissent ensuite, occupant tout l'espace entre le golfe et les montagnes d'Achaïe; de blanches villas s'y encadrent; sur le rivage, il y a de grands roseaux au feuillage léger et des cases primitives, montées sur pilotis. Au passage de la brise, les feuilles des eucalyptus ont des reflets bleus; des pêcheurs, entrés dans l'eau jusqu'à la ceinture, traînent leurs filets : on se croirait sur quelque plage océanienne.

La nuit tombe quand nous arrivons à Patras; la ville est dans son effervescence accoutumée; sur la place où le train s'arrête sans façon, parmi les voitures et les passants, la foule est réunie pour son bavardage du soir. Oncques ne vit jamais un peuple aussi pérorant : les discussions sont endiablées; elles atteignent parfois les frontières de la fureur pour s'éteindre brusquement dans une plaisanterie; l'im-

pression est celle que donne une usine immense avec
le discordant concert des bielles et des pistons. Tar-
tarin serait bien ici; on fait du bruit,... et je pense
à la grande vallée qui est là-bas, derrière ces monts,
plongée dans le silence de la mort. Des touristes l'ont
visitée cette après-midi; les clochettes des troupeaux
ont retenti, comme d'habitude, sur la route d'Arcadie
et le mont Kronion a vu, mélancolique, son ombre
tourner à ses pieds. Qui sait pourtant si ce soir,
errant dans les ruines d'Olympie, les grands disparus
ne se redisent pas les uns aux autres, dans le lan-
gage muet des ombres, l'étonnante nouvelle venue
d'Athènes!... les Olympiades recommencent.

KERKYRA

Les barbares l'ont appelée Corfou.

Mais ceux qui connaissent l'île vaporeuse n'aiment pas qu'on la nomme ainsi. Ces deux syllabes dures et brèves sonnent comme le heurt d'un glaive sur quelque terre de granit perdue dans les brumes d'un océan septentrional, au lieu que le doux nom grec de Kerkyra semble le soupir harmonieux de la mer Ionienne au pied des collines vertes. Quand vous venez d'Italie, ayant quitté sans regret l'ennuyeuse Brindisi et les plates campagnes qui l'environnent, vous percevez sur l'horizon une haute muraille d'un gris rose, avec parfois de la neige sur les sommets. C'est la côte albanaise, une côte continentale très longue et très puissante, derrière laquelle on devine de vastes étendues de pays, des peuplades obstinées, des passés sanglants et ténébreux. Les monts sont abrupts, le sol stérile, les rives inhospitalières. Peu à peu se dresse dans le ciel une sorte de promontoire qui a la forme d'un bastion géant. Le navire se dirige vers l'angle terrible que ce promontoire fait avec la côte : on dirait qu'il va s'y briser. Les vagues ont l'air inquiet, le vent souffle plus fort; un étroit passage s'ouvre.... Le premier navigateur qui pénétra dans cette fente, ignorant des spectacles enchantés qui l'attendaient au delà, recommanda sans doute son âme à Dieu et se prépara à tomber dans quelque sombre gouffre ou à heurter quelque mortel écueil. Mais d'écueil il n'y a point, et tandis que, sur la gauche, l'Albanie demeure farouche, à droite passent de jolis monticules tout vêtus de feuillage. La montagne en forme de bastion s'humanise et s'égaie, et soudain, par delà un éperon de rocher contre lequel les flots se brisent en écumant, une grande nappe d'eau s'étend, qui donne au regard charmé la sensation d'un apaisement. L'île entière apparaît comme un long croissant de verdure flottant sur la mer; toutes ses collines sont là, en amphithéâtre, attendant le voyageur pour lui souhaiter la bienvenue; la forêt qui les couvre lui envoie le message grisant de ses senteurs parfumées, et sur le bord de l'onde la citadelle en pierres grises s'avance de l'air aimable des vieilles gens qui continuent d'apprécier la jeunesse et de sourire à la vie.

Pauvre citadelle! Elle a bien grand air encore et porte vaillamment le poids de sa longue histoire : les arêtes de ses murailles ont perdu leur netteté primitive; des pierres et des briques se sont détachées çà et là; mais le lion de Saint-Marc s'incruste fière-

ment sur les flancs de sa triple enceinte, et les petits
soldats du roi Georges lui rappellent les grands jours
d'autrefois. Ils habitent là dans des casernes trop
vastes pour eux, adossées au rocher sur lequel est bâti
le second rempart. Car c'est toute une ville, cette
citadelle : il y a des chemins de ronde, des couloirs
voûtés, deux églises, un hôpital, des constructions en
ruines et des jardins pleins de giroflées et des petits
bouts de prairies où paissent des agneaux. Le troisième rempart domine ces choses : il est étroit et
conique et ne contient que des canons, un phare
minuscule et le mât où flotte le drapeau blanc et
bleu de la Grèce émancipée.

De là-haut le regard embrasse tout l'ensemble compliqué de la forteresse, le pont-levis qui ne se lève
plus et les canots inoffensifs que les mariniers atta-
chent aux anneaux de fer scellés dans la maçonnerie.

Il y a des terres dont la géographie raconte l'histoire.
Kerkyra n'était-elle point destinée par sa situation à
devenir la victime de la rivalité des Grecs et des Italiens, à subir le contre-coup de leurs infortunes? Elle
fut prise par les Romains avant l'ère chrétienne,
reprise plus tard par les Grecs, puis donnée aux Vénitiens par les croisés, lorsqu'ils démembrèrent l'empire
byzantin; passée, de 1267 à 1386, sous la domination
des rois de Naples, elle redevint vénitienne pour
quatre siècles. Deux fois les Turcs l'assiégèrent.
Napoléon en fit un département français et les alliés,
en 1815, l'érigèrent avec les autres îles, ses sœurs, en
État indépendant sous le protectorat de l'Angleterre....
En ce temps-là les Ioniens furent heureux et riches;

leur capitale était le siège du gouvernement ; on y menait active et joyeuse vie. Malgré tout, leur cœur n'était pas satisfait ; ils étaient demeurés Grecs. L'envoûtement des âges écoulés et des conquêtes successives n'avait pas opéré sur eux. L'hellénisme, qui les avait créés, les avait gardés. Rien n'avait eu raison de son pouvoir magique et maintenant que, de nouveau, la Grèce vivait d'une vie nationale, ils voulaient retourner à elle. Elle était pauvre et faible ; l'Angleterre était puissante. Mais cela ne les fit pas hésiter. On leur envoya de Londres un commissaire spécial pour recueillir leurs doléances. Ce commissaire était plus qu'un grand homme, c'était un homme droit. Il s'appelait Gladstone. Sa conviction fut bientôt faite, et dès lors son parti fut pris. L'avènement au trône de Grèce du roi Georges Ier servit de prétexte à l'acte que depuis plus de trente ans les insulaires réclamaient en vain. Le 14 novembre 1863, Kerkyra renonça, joyeuse, à ses prérogatives et à son indépendance pour redevenir grecque par le nom et par la loi.

La domination britannique a pourtant laissé des traces multiples sur le sol et dans les mœurs. Les habitants, quand ils parlent des Anglais, ont de la reconnaissance dans le regard, comme pour dire : Que voulez-vous, ils faisaient bien nos affaires, mais c'était inévitable,... on est Grec ou on ne l'est pas ! — Et c'est très amusant de regarder l'Esplanade, les soirs de printemps, des fenêtres de l'hôtel Saint-Georges, pour y revivre en pensée les beaux jours d'antan de la république ionienne. Sur la gauche est

le palais. Construit pour les représentants du protectorat, lesquels portaient le titre de lords-commissaires des Sept-Iles, il contient une salle du trône,
qu'ornent les portraits des rois d'Angleterre et la
salle, plus modeste, mais plus intéressante, où se
réunissait le sénat ionien. Les portraits des présidents
décorent celle-ci. Ils sont là sept ou huit, vêtus selon
la mode anglaise de l'époque, portant le grand
cordon de Saint-Michel et Saint-Georges, graves et
froids; on les dirait tous venus des rives de la Tamise.
Leurs noms aux consonances riantes indiquent seuls
que celui-ci naquit à Zante et cet autre à Céphalonie.
— Le lord-commissaire logeait ainsi le gouvernement
dans sa maison; il était comme un ambassadeur
offrant une hospitalité forcée au chef de l'État près
duquel on l'a accrédité. Sa tâche était délicate; il la
remplissait généralement au gré du peuple, si l'on en
juge par les monuments à l'aide desquels le peuple a
témoigné sa reconnaissance. Il y en a trois sur l'Esplanade; d'abord une petite rotonde à colonnes : sur
le pourtour sont célébrés en grec les mérites de sir
Thomas Maitland, le premier des lords-commissaires.
On l'appelait King Tom, et sa popularité est demeurée
vivante. Vient ensuite la statue de sir Frederick
Adam, qui « régna » de 1823 à 1832. Il a revêtu sur
son socle de granit une toge déplorable, qui le transforme en proconsul d'opérette, mais le souvenir de
ses bienfaits ne s'est pas figé comme sa silhouette. Un
obélisque s'élève un peu plus loin, qui est dédié à sir
Howard Douglas (1843). Enfin, ce grand bâtiment
sans caractère qu'on aperçoit à l'extrémité de l'Es-

planade contient la bibliothèque de l'Université
ionienne, établie par les Anglais et supprimée après
leur départ. L'Esplanade, elle-même, a conservé un
cachet britannique, comme aussi le mobilier de
l'hôtel Saint-Georges. Les lits, les armoires, les tables
de toilette, les commodes rappellent ces vieilles
auberges d'Angleterre où les relais de jadis dépo-
saient les *squires* respectables et où la gentry du
comté s'assemblait pour faire la politique et causer
de l'intérêt général. Sur les murs, des chromolitho-
graphies, produit d'un art en enfance, représentent
la grosse tour de Windsor vue des ombrages d'Eton
et les clochers d'Oxford, avec des étudiants qui
rament gauchement sur une Tamise toute bleue.
L'après-midi du dimanche, les voyageurs qui se
trouvent dans l'hôtel voient se jouer sous leurs balcons une véritable partie de cricket — la partie
sérieuse, la partie d'honneur. Car il s'en organise
d'autres sur chaque place, à chaque carrefour, sur
les promenades, dans les encoignures des vieux rem-
parts, partout où l'on trouve dix mètres de sol plat
et un peu d'herbe. Pas un gamin qui dès l'âge le plus
tendre n'ait en mains une *batte* ou au moins quelque
morceau de bois pouvant en tenir lieu. Ils jouent
mollement, sans se dévêtir; on ne peut comprendre
le plaisir qu'ils y trouvent. Aucune force dans le
lancer, aucune vitesse dans la course, aucune habi-
leté à reprendre la balle, et pourtant ces parties semblent leur procurer des jouissances infinies; une
balle de deux sous et la moitié d'une planche suffi-
sent pour cet embryon — ou mieux cette caricature

de sport. On entend leurs rires et leurs plaisanteries
continuer pendant le jeu, et ils s'interrompent de
temps à autre pour batifoler à l'aise, couchés à plat
ventre dans l'herbe. Sir Frederick Adam regarde
cela du haut de son piédestal, et l'on s'attend à le
voir descendre, horrifié, pour prendre le premier
bateau à destination de la vieille Angleterre.

Sur la route d'Afra notre calèche, fort majestueuse
d'allures et doublée de satin rapiécé, est stationnaire
au pied d'une petite colline littéralement noyée dans
les roses. Quelques pignons blancs émergent de cette
floraison merveilleuse, et tout à côté, sous de grands
arbres, des petites filles aux yeux très noirs, à la
peau mate, aux cheveux bouclés, confectionnent,
pour s'en parer, des guirlandes champêtres. Cet
endroit se nomme Koukouritza. La jolie appellation,
à la fois sauvage et raffinée, étrange et musicale! Et
voici ce que de Koukouritza le voyageur contemple :
tableau dont il fixe avidement dans sa mémoire le
vaste ensemble et les détails exquis, avec cette hâte
et cet avant-goût de regret qui donnent tant de
saveur aux paysages entrevus ainsi, loin du pays
natal, pendant une fuite rapide sous des cieux nouveaux : la vallée est en demi-cercle, entourée de hauteurs boisées, qui empêchent d'apercevoir la mer;
une sorte de sensation indéfinissable prévaut néanmoins, comme un souffle d'océan qui circulerait sur
ces campagnes, de sorte qu'on ne perd point la
notion d'être dans une île. Les hauteurs du dernier
plan, dont le contour seul apparaît, ont des formes

étranges : on en voit de pareilles dans les photographies d'Australie ou de l'Afrique du Sud. En avant sont d'autres collines, aux lignes plus surbaissées ; les oliviers les recouvrent d'un manteau bleuté, sur lequel se détachent les flèches noires des cyprès ; les deux verdures tranchent l'une sur l'autre avec un charme d'une mélancolie intense. Les oliviers descendent ensuite, en s'espaçant de plus en plus, dans les prés de Koukouritza ; ils sautent de petits ruisseaux qui folâtrent dans les herbes, consolident gentiment avec leurs racines contournées un vieux pont de bois vermoulu qui s'abandonnait au destin, et grimpent enfin jusqu'à nous, amenant un monde de fleurettes multicolores qui se complaisent en leur compagnie et font cortège à leurs gros troncs noueux. Et quand ils sont tout près, on s'aperçoit que ces oliviers sont très, très vieux ; leur écorce est à jour et leur intérieur s'est vidé : ils ne doivent plus guère donner d'olives, mais ils étendent sur le sol de grandes masses de feuillage très imposantes, et pour un peu on céderait au désir de les faire causer et de leur demander des anecdotes sur les Vénitiens cruels, sur les Français joyeux, sur les Anglais rigides, qui tour à tour gouvernèrent Kerkyra.

Ils parsèment l'île, et dans les parties cultivées on trouve à leurs pieds des vignes et de l'avoine poussant pêle-mêle dans une promiscuité de terre promise. L'ombre de l'olivier n'empêche pas l'avoine de monter et l'avoine touffue n'étouffe pas le raisin doré ; il y a même double récolte par an.... Alors les habitants ont pris de l'insouciance ; ils causent,

rient, dorment, et les jours de grand travail font la
besogne d'un adolescent du Nord et s'en croient
épuisés!

Volontiers, ils dansent, mais surtout ils procession-
nent en l'honneur de saint Spiridion ou de quelque
autre saint local invoqué et vénéré. Ces processions
sont de vraies fêtes populaires dont les premiers
rangs à peine donnent l'impression d'un culte spiri-
tualiste, mais dont l'aspect général est celui d'un
joyeux cortège en l'honneur de la matière et de la
vie. Il est drôle de les voir circuler dans les villages
de l'île, vrais labyrinthes de plâtre à travers lesquels
la route se faufile si bien que le voyageur la perdrait
en un instant de distraction. Les maisons blanches
sont disposées au hasard, tournées dans tous les
sens, présentant tantôt un pignon, tantôt un semblant de façade ou un embryon de terrasse, et partout des escaliers qui montent, qui descendent, de
petits balcons étroits, des tournants brusques, des
passages voûtés.... La procession s'engage dans ce
dédale; les bannières s'inclinent, les files se resser-
rent, les chants s'éteignent et se ravivent, et la foule
fait un brouhaha qui voudrait rester discret et qui
est celui d'une foire de banlieue un dimanche de
beau temps. La religion est ici plus italienne, plus
théâtrale; on n'a pas, comme dans la Grèce continentale, la notion d'un sentiment vrai, d'une émotion
sincère! Oh! cette nuit de Pâques à Athènes, comme
elle est noble et sainte! Ni le commerce des agneaux,
ni la consommation des œufs rouges, ni l'amusement des petits cierges qui s'allument soudainement,

ne parviennent à en faire quelque chose de vil, de
matériel, de mercantile. Tout un peuple s'incline
devant le patriarche qui annonce aux princes de la
maison royale la grande nouvelle de la résurrection
du Christ, et tous sentent en effet le souffle de l'existence renouvelée passer sur la Grèce. Car ce culte
est avant tout national. La semaine sainte a revêtu
au pied de l'Acropole un caractère symbolique. La
Passion du Christ s'efface devant la Passion de la
Grèce. C'est elle dont on commémore les longues
souffrances, la descente au tombeau, puis le triomphe
sur la mort et la résurrection glorieuse.

Pour sentir ces choses si vivement, il faut être au
centre, là où se ferme le circuit artériel du sang
national. Kerkyra a souffert, sans doute, mais son
perpétuel sourire adoucissait ses vainqueurs, et ses
souffrances ne s'exaspéraient point comme celles des
Hellènes soumis au joug turc. Aussi la religion ici
et là diffère-t-elle du tout au tout.

Ces processions fournissent aux femmes l'occasion
de faire prendre l'air à leurs resplendissantes toilettes; l'occasion est rare, parce que les hommes sont
extrêmement jaloux. On le comprend à voir le type
séduisant, fin et distingué des campagnardes de
Kerkyra, leurs beaux yeux pleins de flammes, la
grâce de leur démarche, la pureté de leur profil. Dans
certains villages presque toutes sont jolies, mais leur
costume de cérémonie gâte singulièrement l'œuvre
de la nature. Couvertes de lourdes étoffes aux rayures
voyantes, aux plis somptueux, que n'allègent pas les

voiles de gaze irisée dont le buste s'enveloppe, elles
portent en outre toute une ferblanterie : des boutons,
des chaînettes, des médaillons, des pendeloques et de
gros sequins dont les tintements accompagnent leurs
moindres mouvements. Ainsi vêtues, elles ressemblent
à des bazars ambulants et il faut l'œil exercé d'un
artiste pour démêler sous ces oripeaux la noblesse et
la splendeur de ces lignes pour lesquelles le génie
hellène professait un respect charmé.... Si le vêtement déforme le corps, la coiffure alourdit désespérément le visage. Les cheveux sont tressés sur des tiges
de métal que terminent des boules ou des entrelacs
compliqués. Ils sont luisants de pommade et souvent
saupoudrés de poussière. On devine que cet édifice
savant demande des soins qui sont bien loin d'être
quotidiens. Quelques femmes portent sur l'oreille de
gros bouquets blancs, rendus plus massifs encore
par le ruban qui les entoure. Ce signe distinctif
désigne celles qui sont mariées depuis moins d'un
an. Il est destiné sans doute à écarter les galants en
indiquant chez l'heureux époux une recrudescence
de jalousie.

Quand elles sont simplement vêtues, sans recherche
et sans prétention, les femmes de Kerkyra somnolent
paisiblement dans le crépuscule de leurs demeures.
Si elles entendent rouler une voiture sur la route
poudreuse, la curiosité les éveille; elles écartent le
volet pour voir l'étranger et l'étranger alors les
admire dans le cadre qui leur convient, celui de la
nature. Leurs filles, rieuses et déjà charmantes,
courent pieds nus dans l'herbe, composant à la hâte

de paresseux bouquets qu'elles vendent aux visiteurs, lesquels payent le regard et le sourire et dédaignent les fleurs.

Il y a trop de fleurs au printemps dans cette île enchantée. Les natifs n'y font plus attention. Les roses forment des buissons le long des routes, et non point ces petites églantines appauvries que nous admirons dans nos campagnes, mais des roses pleines et colorées, comme celles que les jardiniers d'Occident produisent en peinant et désignent par de savantes appellations. Il y en a de blanches, de roses, de rouges : rien n'est curieux comme de les voir monter à l'assaut des méchants cactus et les étouffer presque sous l'amas de leurs pétales parfumés. Savez-vous rien de plus étrange que la silhouette du cactus se détachant sombre et dure sur le ciel ardent du midi? On dirait une bête malfaisante endormie, et l'on craint instinctivement de la réveiller. Eh bien, cette plante en colère reçoit les caresses du rosier. Après avoir rempli tous les vides, les roses ont encore besoin de place et puisqu'il n'en reste plus, elles se décident à pousser sur les cactus. Et les cactus s'humanisent, se laissent embrasser et deviennent presque gracieux sous leur luxueux manteau.

Aux flancs des maisons s'allonge la glycine exubérante, elle aussi, et laissant tomber de ses grappes innombrables son parfum grisant. Et quand la fleur, trop mûre, se détache, elle s'amasse sur le sol en un épais tapis lilas clair, qui longtemps reste frais et odorant. Dans les bois il y a des herbes à aigrettes légères, des mousses de toutes les teintes et de tous

les dessins, de grands coquelicots étranges, comme
ceux des cretonnes britanniques, et mille fleurs de
tous les pays, exposées là comme pour un concours
d'horticulture universelle.

Mais c'est dans le jardin du roi qu'est la vraie fête
des yeux. Là vivent, dans un harmonieux pêle-mêle,
les plantes des tropiques et celles du nord : tout s'y
confond, au point que les bouleaux ont des lianes et
que les palmiers rivalisent avec les érables. Je me
souviens d'une vallée californienne où la fantaisie
d'un ranchman avait créé quelque chose de semblable; mais on devinait l'effort de l'homme sous la
fertilité de la terre et l'on apercevait les traces de
l'irrigation artificielle. Dans le jardin royal de Kerkyra la terre même est humide et la végétation se
fait comme une fonction naturelle. Au centre de cet
éden est la villa de Georges Ier, une grande maison
basse, ayant au centre une petite coupole blanche, et
sur ses façades des portiques et des galeries. C'est
une vraie habitation des pays chauds, la demeure
d'un riche planteur des Indes occidentales. De la
terrasse on jouit d'une vue magnifique sur la baie et
sur la ville. En face, la côte d'Albanie apparaît, doucement brumeuse. Sous la terrasse, un sentier descend à travers un écroulement de verdure vers une
anse tranquille où le canot royal peut aborder en
sécurité.

Et le paysage se continue sous l'eau; il y a de
grandes algues empourprées et de longs rubans
couleur de nacre, et des herbes vertes comme l'éme-
raude. Des reflets d'azur se jouent dans les roches,

et pour un peu, à travers le cristal de cette mer sans
trouble, on observerait toute l'animation de ce petit
monde sous-marin, qui a, lui aussi, ses fleurs et sa
lumière.

Le roi Georges a souvent habité ici; plusieurs de
ses enfants y sont nés. Mais peu à peu il en a désap-
pris le chemin. Il préfère sa résidence de Tatoï, qui est
entièrement son œuvre. Il l'a élevée dans les bois, à
peu de distance d'Athènes et s'y installe avec délices
dès que vient le printemps. Les Kerkyriens lui en
veulent un peu de cette préférence; aussi, pour
les consoler, Jupiter leur a envoyé l'impératrice
Élisabeth.
Ils ne jouissent pas beaucoup de sa présence, mais
son choix flatte leur amour-propre et leurs regards
se fixent avec complaisance sur le point blanc, visible
de partout, qui indique la retraite solitaire où la
souveraine est venue abriter et poétiser son deuil. A
quelques lieues de la ville, adossé à une montagne
que parsèment de jolis villages, entouré de terrasses
qui surplombent la mer et d'où l'on embrasse un
panorama sans pareil, s'élève le palais de marbre
consacré à la mémoire d'Achille; le héros homérique
y est célébré sous toutes les formes; le palais porte
son nom : on l'appelle l'Ἀχίλλειον. Une statue le
représente blessé, étendu à terre, sur le point de
quitter ce monde, la souffrance de la mort prochaine répandue sur ses traits qui conservent néanmoins leur noblesse et leur énergie habituelles. Une
toile immense le montre, ailleurs, sous les murs de

Troie, debout sur son char, dans toute la splendeur de son triomphe. Partout son souvenir est évoqué avec une sorte de tendresse que la fable, l'histoire ou même le génie d'Homère ne sauraient expliquer. Dans ce culte rendu à Achille on devine une impression plus réelle, un regret récent, un amour encore vivant, le souci de perpétuer l'image d'un être à peine disparu. Achille, en effet, n'est qu'un symbole. Quand il vivait, l'impératrice Élisabeth, fière de son fils, le comparait en sa pensée au guerrier de l'*Iliade*, et sa passion maternelle voulait trouver entre eux des ressemblances et des rapprochements. Maintenant qu'une mort mystérieuse et sans gloire a frappé l'archiduc Rodolphe, sa mère cherche en quelque sorte à se venger du destin en confondant les deux figures. Achille, c'est son fils, l'héritier des Habsbourg; il a trouvé un trépas cruel, mais digne de sa race et de son rang; il est mort, les armes à la main; l'univers le respecte et conserve sa mémoire. Voilà le rêve! Il est très noble et très touchant.

Le visiteur doit le comprendre et se l'assimiler, sans quoi l'Ἀχιλλεῖον lui paraîtra une fantaisie sans portée, une originalité de plus ajoutée à la longue liste de celles dont l'impératrice a semé le souvenir à travers l'Europe. On est tout prêt ici à « potiner » vulgairement. On lui contera, pour peu qu'il ait l'air de s'intéresser à ces vétilles, que Sa Majesté parcourt les montagnes en robe courte et sans chapeau, suivie de son lecteur, qu'elle ne reçoit personne, que sa vie se passe en escalades et en songeries, qu'elle surveille avec un soin jaloux la sveltesse de sa taille et son

abondante chevelure, etc. Mais s'il est psychologue
et artiste, il écartera les indiscrets et les bavards et
s'en ira sur la terrasse pour songer. Elle s'avance,
cette terrasse, sur le sommet d'un rocher inculte,
que des jardiniers habiles ont transformé en un par-
terre de plantes rares, et une balustrade de marbre en
hémicycle la termine soudainement. Penchez-vous,
c'est le vide; une masse de verdure descend, tombe
vers la mer, qui tout en bas soupire sur la grève.
Derrière vous, il y a des massifs de roses, puis d'autres terrasses encore; la façade du palais se détache sur le vert sombre des pins, sur la montagne
qui continue. Devant vous, tout s'éclaire. On voit la
côte d'Albanie, la ville, la citadelle, la villa royale et
ses jardins féeriques, les campagnes de l'intérieur,
les montagnes, les bois d'oliviers, tout cela combiné
harmonieusement pour la satisfaction des instincts
esthétiques.

Les jardins sont étranges. On les a suspendus dans
les creux du rocher abrupt qui porte le palais, et
comme le sol était infertile, on y a mis de la terre
féconde et planté des arbustes odorants. Malgré cela
ce parc en abîme est resté farouche, presque sinistre.
Il contient d'ailleurs des monuments imprévus : la
statue de lord Byron et, sous une coupole que sou-
tiennent six colonnes corinthiennes, celle de Heine
mourant : son regard s'en va vers l'horizon, rempli
à la fois d'une angoisse muette qui est celle de l'au
delà, et d'une résignation calme, qui est celle des
vrais philosophes. L'effet est gâté malheureusement
par des terrassements en rocailles, des torchères, des

balustres et des escaliers symétriques; c'est une des
nombreuses fautes de goût commises par l'architecte
italien auquel l'impératrice a confié l'exécution de
son projet. L'architecte n'a pas compris; il s'est cru
appelé à satisfaire la fantaisie luxueuse d'un gros
négociant enrichi : il n'a pas vu que l'Ἀχιλλεῖον, pour
répondre à sa destination, devait avoir la légèreté d'un
rêve, la simplicité d'un tombeau, la grandeur d'une
apothéose et le mystère d'un pèlerinage. Le palais est
trop massif, trop carré, l'ornementation est tourmentée; il y a de mesquins détails, et les allées du
parc sont trop civilisées.

En bas, près de la mer, dans un endroit très solitaire et qu'assombrissent des arbres au feuillage touffu
se dresse un dernier monument dédié à l'archiduc.
Là, l'incognito est levé; l'allégorie cesse; ce n'est
plus Achille, c'est le jeune prince envers qui le sort
s'est montré cruel, puisque son caractère demeurera oublié et que ses œuvres ne vivront point.
Son profil est sculpté dans un médaillon qui orne le
piédestal d'une colonne brisée. Un génie ailé, l'étoile
d'or au front, est assis sur le piédestal, le regard dur,
le geste menaçant, dans une superbe attitude de
reproche et de colère.

Il se fait tard. Le soleil va disparaître. Les montagnes s'enlèvent en silhouette noire sur le ciel incendié.
La mer, très calme, est traversée par de longues
zébrures irisées. La grève est dans l'ombre. L'ombre
remonte dans les jardins, enveloppant le monument
de l'archiduc et le temple de Heine. La haute terrasse
est encore dans la région lumineuse et l'œil avide

embrasse une dernière fois le paysage merveilleux dont les lignes se brisent çà et là, dont certains détails déjà s'effacent et d'où l'on sent que la vie et le mouvement peu à peu se retirent. Ils s'effaceront aussi, les souvenirs qu'évoque ce lieu. Les regrets de la souveraine s'éteindront dans la mort, l'empire qui est le sien sera démembré et les peuples groupés autour de son trône suivront d'autres destins.... Ce soleil qui se couche, n'est-ce point celui des Habsbourg?

Consciencieusement, chaque jour, les artilleurs grecs manœuvrent. Il règne dès cinq heures du matin une animation belliqueuse dans la forteresse. Ce sont des fanfares, des sonneries, des appels de clairon. Finalement le pont-levis ouvre passage à six ou huit mulets portant, démontées, des pièces de campagne. Les mulets s'arrêtent sur l'esplanade; des commandements retentissent; les soldats s'empressent, déchargent les bêtes, montent la pièce. Celle-ci roule sur l'herbe pendant dix pas; puis on la démonte, on recharge les mulets, et tout est dit. Les soldats sont médiocrement vêtus et les officiers n'ont point de chevaux; mais de part et d'autre il y a entrain et conviction,... et l'on songe à la sottise de l'Europe qui, ayant consenti à faire un royaume de Grèce, l'a fait trop petit et trop pauvre pour vivre,... et au patriotisme des Grecs, qui ont vécu néanmoins et prospéré.

A Govino se trouvent les ruines d'un arsenal vénitien. On y accède en s'engageant sous les oliviers, ces mêmes oliviers d'Afra, si contournés et si respectables;

12

À terre s'étend un tapis moelleux fait de toutes les
mousses et de tous les brins d'herbe de la création.
On traverse un petit hameau dont la dernière maison
s'adosse à une porte monumentale que décorent les
armoiries de Venise. Ses battants massifs, qui devaient
rouler sur leurs gonds puissants et défendre l'entrée
de l'arsenal, ont disparu. Cette baie géante s'ouvre
sur le vide; elle n'encadre que le ciel et, maintenant
que les caissons ne franchissent plus son seuil, la
foule des fleurettes et des herbes s'y précipite. On
dirait une vraie bousculade, digne du règne animal.
Dans l'intérieur, c'est la solitude, et n'étaient le vent
qui chante à travers les murailles mortes et le flot qui
dévore les blocs de pierre de leurs fondations, ce
serait le silence. L'arsenal était situé sur une baie
intérieure qui se devine à peine de loin. Les bords
en sont bas et verdoyants : des prairies qui tout à
coup deviennent de l'eau. Un tel cadre convient à ces
ruines restées trop neuves sous le ciel clément des
Iles Ioniennes et qui n'ont point l'air d'avoir été faites
par le temps. Particulièrement bien conservée est une
sorte de salle immense coupée de dix énormes arcs
surbaissés, qui portaient sans doute un toit de bois
et s'ouvrent maintenant sur le ciel. Le pourtour est
ajouré par des arcs de même dessin surmontés
de gros œils-de-bœuf ovales. Était-ce un corps de
garde, une poudrière? L'architecture en est épaisse et
bizarre, et parce que tout est léger et gracieux dans
ce Kerkyra, on a l'impression fugitive que cet édifice
fut construit en quelque pays lointain par des
hommes d'une autre race et s'en vint aborder là

comme une Arche de Noé abandonnée au pied d'un Ararat fleuri.

Une petite fille à la peau brune, à l'air sauvage, nous a suivis et nous contemple avec une impayable gravité. Elle n'est pas sans avoir vu déjà des barbares dans son arsenal et ne peut s'étonner que les barbares aiment à manger, pendant leurs promenades, ces délicieuses oranges de Kerkyra, fondantes et sucrées. Mais elle se demande d'où nous venons et pourquoi nous venons.

Nous venons des Jeux Olympiques, ma petite. Tu ignores ce que c'est, et tu ne le comprendras jamais. Pourtant ton frère, qui n'est guère plus âgé que toi, est là-bas, dans le village, qui joue à couronner ses camarades avec des branchages d'olivier et il sait vaguement que, ce qu'il fait là, le Βασιλεύς l'a fait, il y a deux semaines, dans Athènes, la grande ville, en présence d'une multitude d'hommes de tous les pays du monde ; il sait qu'aux temps lointains où vivaient les grands ancêtres dont son père se réclame, ce même geste apportait de la gloire sur le front des jeunes gens et symbolisait le contentement de la patrie envers les fils qui la servaient bien.

Le tableau est digne d'un peintre de renom et d'un poète inspiré. Ils sont là douze gamins, très excités par ce jeu nouveau, mais impressionnés en même temps parce que Yorgi, leur chef, les dirige avec une sorte de lenteur solennelle, comme s'il accomplissait une mission sacerdotale. Ils ont organisé des courses à pied et lancé un gros caillou plat en manière de disque, et maintenant c'est la procession des vainqueurs. Tenant chacun un rameau d'olivier, ils forment une théorie très sérieuse, qui évolue lentement entre les gros arbres. Il n'y a comme spectateurs que deux d'entre eux, jugés trop maladroits sans doute, et qui n'ont rien gagné. Au bout de dix minutes, ils en ont assez de leur cortège et de leur gravité. Ils recommencent à se faire des niches et à se rouler sur le sol en criant. Yorgi, demeuré songeur, les abandonne et s'en vient à l'écart, vers le rivage où la mer continue son doux concert. Les petites vagues qui meurent à ses pieds bercent sa rêverie, et il s'étonne qu'un jeu si amusant, qui tout à l'heure l'enchantait si fort, l'ait soudain rendu triste et l'écarte de ses camarades.

A cette heure même, dans le grand stade de marbre blanc où les Jeux furent célébrés et qui, solitaire maintenant, étale avec noblesse les courbes de ses gradins innombrables, la poussière olympique qu'ont soulevée les athlètes retombe en pluie d'or, très lentement. Athènes a dépouillé sa parure joyeuse. Les drapeaux multicolores n'ornent plus les façades, et dans les carrefours les guirlandes flétries s'effeuillent sur le sol; mais dans la mémoire des Athéniens ces jours de fête laisseront une trace heureuse, et le soleil qui disparaît derrière les colonnes du temple de Jupiter a des splendeurs empourprées que cette génération ne connaissait point.... C'est que la ville de Minerve s'est montrée aux étrangers resplendissante de clarté et que sa blanche renaissance s'est imposée à tous, indiscutable.... Qui donc la croyait morte?

Quand Yorgi sera grand, il voudra concourir aux Jeux Olympiques. Il voudra remporter pour de bon un de ces rameaux d'olivier que le Βασίλευς remet aux athlètes dans le grand stade de marbre blanc. Et la foule l'acclamera et le portera en triomphe. Quand il rentrera dans son île, il trouvera le port pavoisé et la musique à sa rencontre, et des villages voisins on viendra le recevoir et le féliciter.... Ce sont là de beaux rêves qui font sourire la terre de Kerkyra, parce qu'elle se sait puissante pour bercer les humains et amollir leur volonté. La terre de Kerkyra sait que ses fils aiment à se reposer. Il y a trop d'herbes folles, en vérité, sur cette terre de Kerkyra, et trop de mousse au pied des oliviers... et trop de roses.

FIN

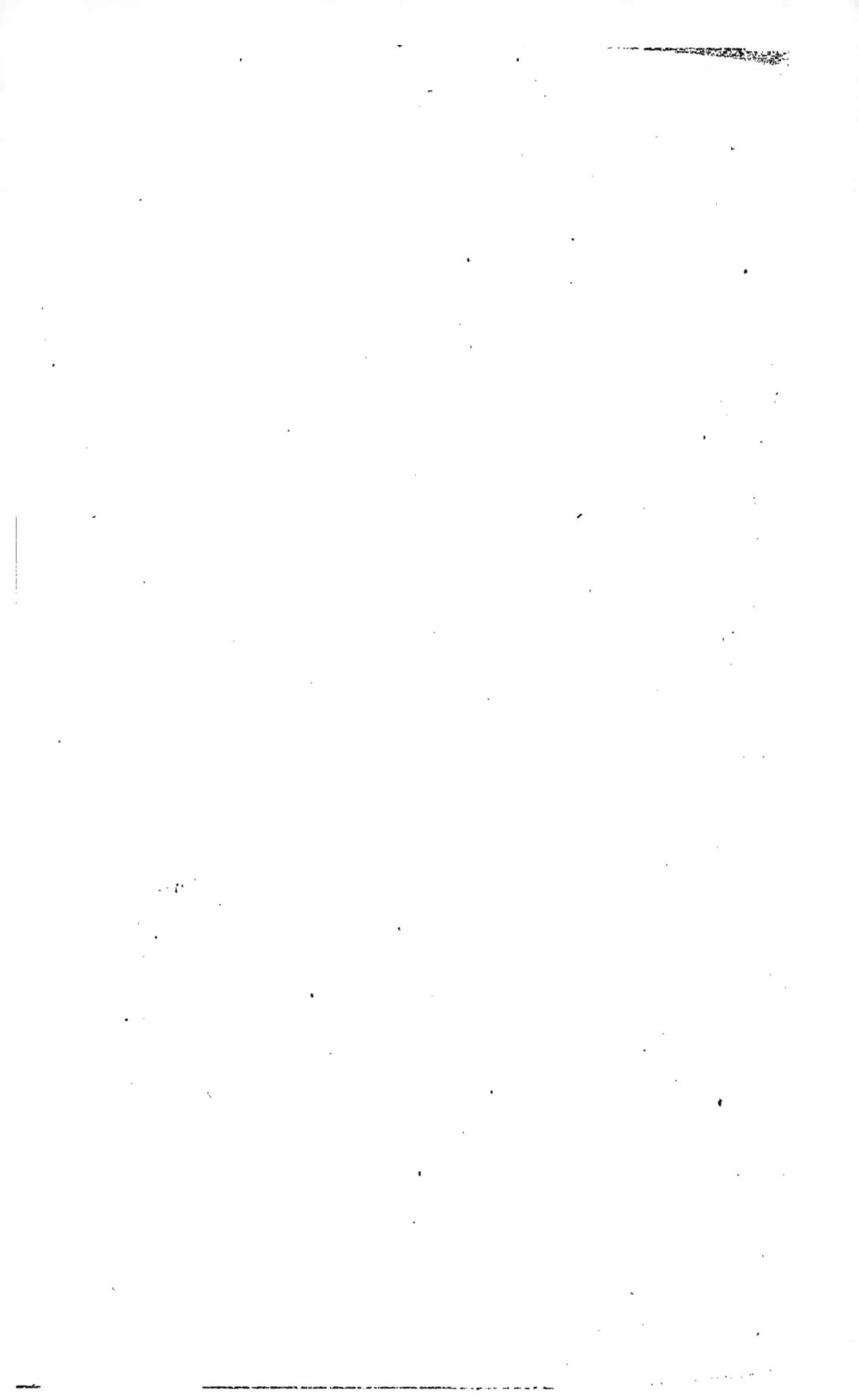

TABLE DES MATIÈRES

Coulommiers. — Imp. P. BRODARD. — 232-97.

www.ingramcontent.com/pod-product-compliance
Lightning Source LLC
Chambersburg PA
CBHW070414090426
42733CB00009B/1658